PSICODRAMA

TEORIA E PRÁTICA

Dados Internacionais de Catalogação na Publicação (CIP)
(Câmara Brasileira do Livro, SP, Brasil)

D536p Dias, Victor R. C. Silva
   Psicodrama: teoria e prática / Victor R. C. Silva Dias. – São Paulo :
Ágora, 1987.

   Bibliografia.

   1. Psicanálise 2. Psicodrama I. Título.

87-0912   CDD-616.891523
                  616.8917

Índices para catálogo sistemático:

1. Psicanálise : Medicina   616.8917
2. Psicodrama : Medicina   616.891523

Compre em lugar de fotocopiar.
Cada real que você dá por um livro recompensa seus autores
e os convida a produzir mais sobre o tema;
incentiva seus editores a encomendar, traduzir e publicar
outras obras sobre o assunto;
e paga aos livreiros por estocar e levar até você livros
para a sua informação e o seu entretenimento.
Cada real que você dá pela fotocópia não autorizada de um livro
financia o crime
e ajuda a matar a produção intelectual de seu país.

PSICODRAMA
TEORIA E PRÁTICA

VICTOR R. C. SILVA DIAS

EDITORA
ÁGORA

PSICODRAMA
Teoria e Prática
Copyright © 1987 by Victor R. C. Silva Dias
Direitos desta edição reservados por Summus Editorial

Capa: **Camila Cesarino Costa**
Impressão: **Sumago Gráfica Editorial Ltda.**

Editora Ágora

Departamento editorial:
Rua Itapicuru, 613 – 7º andar
05006-000 – São Paulo – SP
Fone: (11) 3872-3322
Fax: (11) 3872-7476
http://www.editoraagora.com.br
e-mail: agora@editoraagora.com.br

Atendimento ao consumidor:
Summus Editorial
Fone: (11) 3865-9890

Vendas por atacado:
Fone: (11) 3873-8638
Fax: (11) 3873-7085
e-mail: vendas@summus.com.br

Impresso no Brasil

*No oceano da vida
o ser humano se afoga
sem se dar conta de que
entre o absoluto da
vida e da morte o
resto é apenas relativo.*

*Tratando, me tratei
e sendo tratado me achei.
Ensinando aprendi
aprendendo escrevi.*

aos que
eu tratei e que me trataram
eu ensinei e que me ensinaram.

VICTOR

"Eu declaro: Eu sou Deus. Eu sou pai.
Sou pai de meu avô e de meu pai. Sou pai de meu irmão e de meu
[filho.
Como pode uma segunda coisa preceder uma primeira?
E uma primeira suceder uma segunda?"
Estas são as palavras do pai.
Digo agora em meu nome:
— a meus avós, que assim são porque precederam e ensinaram
[meus pais;
— a meus pais, que assim são porque me precederam e me
[ensinaram;
— a meus irmãos, porque viemos dos mesmos pais e avós e
[aprendemos juntos;
— a meus filhos que me sucedem e comigo aprendem:
Eu já caracterizei Psicodrama. Eu sou Psicodrama.
Processo-o como uma Síndrome. Uma Síndrome que se caracteriza
[por

— um Encontro — Tu e Eu
— um Momento — Aqui e Agora
— um Objeto — Espontaneidade
— uma Meta — Ato Criador
— um Substrato — Amor
— A meus avós, se puderem, aprendam com seus filhos.
— A meus pais, recebam os meus filhos, abertos às suas idéias.
— A meus irmãos, esta é minha atual postura.
— Aos meus filhos, sejam meus pais, ensinem-me. Sejam os pais
[de meus avós e irmãos de meus pais e de meus irmãos.
A minha evolução depende disso.
"A evolução do Criador só se faz através da evolução de sua Criação."

Eu o Declarei.

Águas de Lindóia, 16 de junho de 1984
4.º Congresso Brasileiro de Psicodrama
Régis Silveira Vianna

(Oração proferida no encerramento do Congresso)

Índice

Prefácio 9

Capítulo I
Desenvolvimento psicológico segundo o Núcleo do Eu ... 11

Capítulo II
Projeto de busca 40

Capítulo III
Psicoterapia 48

Capítulo IV
Início da psicoterapia 55

Capítulo V
Pesquisa intrapsíquica em psicodrama 60

Capítulo VI
Modalidades de psicodrama 87

Capítulo VII
Psicodrama grupal 95

Capítulo VIII
Vivência do psiquismo caótico e indiferenciado 119

Capítulo IX
Relação entre cliente e terapeuta 141

Capítulo X
Interrupção ou término da psicoterapia 153

Capítulo XI
Terapia com psicóticos — Técnica do autoquestionamento 165

Capítulo XII
Formação, evolução e "loucura" dos terapeutas 187

Bibliografia 197

Prefácio

"PALAVRAS DE UM PAI"

Conheci Victor R. C. Silva Dias quando ele dava os primeiros passos na profissão. Estava, então, no 6.º ano de Medicina e já atendia psicoterapicamente no Instituto Sedes Sapientiae. Nosso caminho representa uma sucessão de encontros: foi meu cliente, supervisionando e companheiro de um grupo de estudos que reuniu durante vários anos pessoas maravilhosas. Juntos, Victor e eu, desenvolvemos o "Psicodrama Interno" e juntos trabalhamos em vivências terapêuticas no DAIMON-CER e em congressos.

A vida profissional, se mais curta que a vida em si, proporciona, no entanto, a possibilidade mais clara de acompanhar um discípulo (filho) crescer, tornar-se adulto e criar seus próprios filhos. Assim me sinto em relação ao autor que cresceu, tornou-se amante do Psicodrama e teve vários filhos, entre os quais este livro. A maturidade proporciona ao filho conformar idé́as próprias, não necessariamente iguais às do pai. Victor baseia-se em referencial teórico (Núcleo do Eu de Rojas-Bermudez) que não uso habitualmente, mas nem por isso, em todos esses anos, tivemos qualquer problema de comunicação. Pelo contrário, muito aprendi com ele no cotejo de nossos pontos de vista.

Esta obra, gestada longamente, revela a grande prática clínica do autor e sua decantada qualidade didática, tão conhecida de seus alunos.

Sinto-me feliz e orgulhoso de apresentar este livro à comunidade psiquiátrica-psicológica, na certeza de que será um manual de psicoterapia muito freqüentemente consultado.

José Fonseca F.º

CAPÍTULO I

Desenvolvimento psicológico segundo o Núcleo do Eu

Para entendermos o que é Psicoterapia precisamos antes conceituar o que é Psicopatologia e é impossível falar em Psicopatologia sem analisar o Desenvolvimento Psicológico do ser humano. Para tanto, usarei como referencial principal a Teoria do Núcleo do Eu — criada pelo psicodramatista argentino Jaime Guillermo Rojas Bermudez juntamente com modificações oriundas de outras teorias e de minha própria experiência pessoal.

I-1 — Desenvolvimento psicológico do ser humano

A criança, ao nascer, apresenta um sistema nervoso central (SNC) incompletamente desenvolvido, uma parte das fibras nervosas estão ainda desmielinizadas diminuindo em muito a velocidade do estímulo nervoso. Em conseqüência disto, existe uma nítida predominância do Sistema Nervoso Interoceptivo sobre os Sistemas Nervosos Proprioceptivo e Exteroceptivo que vão se desenvolvendo gradualmente conforme a mielinização das células nervosas.

Portanto, na criança recém-nascida, durante seus primeiros dois anos de vida vão predominar as sensações viscerais (interoceptivo) sobre as de articulações, órgãos dos sentidos, músculos e pele (próprio e Exteroceptivo).

A criança vai ter sua atenção principalmente centrada nas sensações viscerais; é o Mundo Cenestésico do recém-nascido e acreditamos que a primeira sensação cenestésica importante é a de existir, estar vivo.

Esta *Sensação Cenestésica de Existir* é, ao mesmo tempo, uma sensação orgânica e psicológica e é sobre ela que vai se desenvolver toda estrutura do desenvolvimento psicológico posterior deste indivíduo. No ser humano o psicológico se encontra fortemente vinculado

11

ao fisiológico e durante o desenvolvimento ambos vão se desvinculando e ganhando identidades diferentes, embora sempre vá existir uma parte de ligação que é o Psicossomático. Podemos colocar a *sensação cenestésica de existir* como uma área inicial comum do somático com o psicológico.

A este psiquismo incipiente em que a primeira manifestação é a sensação cenestésica de existir chamamos de *Psiquismo Caótico e Indiferenciado*.

E cuja representação gráfica é a de um *círculo* que representa um continente que, no caso do recém-nascido, não é uma noção de continente, nem uma noção do corpo, mas sim o próprio corpo (si mesmo fisiológico) visto que as sensações cenestésicas estão contidas dentro do corpo. E de um conteúdo representado por pequenos círculos representando o Psiquismo Caótico e Indiferenciado à espera de uma série de vivências que vão diferenciá-lo e organizá-lo.

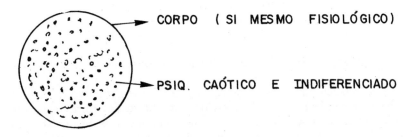

A noção de psiquismo caótico e indiferenciado é fundamental para a posterior compreensão das neuroses e psicoses. A sensação do caótico e indiferenciado é basicamente a sensação de *existir* sem nenhum outro dos pontos de referência costumeira sejam eles de emoção, percepção ou explicação. Isto quer dizer a sensação do *PCI* e a sensação que sobra se retirarmos as *EMOÇÕES, PERCEPÇÕES* e *EXPLICAÇÕES* de um indivíduo. O exemplo que mais gosto de usar é o do acordar de um forte pesadelo.

Quem já teve a oportunidade de ter um forte pesadelo pode me acompanhar nesta vivência, também presente na volta de uma anestesia, vivência com drogas principalmente alucinógenas e nos surtos psicóticos.

Ao acordar de um pesadelo, por uma fração pequena de tempo só existe a sensação de *existir*, não existe emoção, nem medo, nem angústia, nem raiva, tristeza etc. Não existe *percepção*, local, dimensão espacial nem temporal e não existe *EXPLICAÇÃO*. Por que estou assim? Isto foi sonho? ou não etc. Só existe a *sensação de existir* e imediatamente começam a aparecer as referências:

Localização corporal — onde estão a cabeça, os pés, e o corpo.
Localização espacial — o quarto, cama etc.
Localização temporal — dia, noite, mães etc.
Explicação — foi sonho? Por que sonhei?, qual é o significado? etc.
Emoções — raiva, medo, tristeza etc.
Percepção — fato do passado ou do futuro imediato etc.

Até que se retome por total a identidade atual, que no momento do acordar fica restrita ao EU EXISTO, no sentido mais primitivo e cenestésico de existir.

Partindo desta primeira sensação básica de Existir registrada no psiquismo caótico e indiferenciado começam a ser registradas uma série de vivências fortemente vinculadas com as atividades somáticas *não-automáticas* — Alimentação — Defecação — Micção, que vão organizando e diferenciando este psiquismo conforme relato a seguir, de forma resumida.

Nos três primeiros meses de vida o recém-nascido tem muito pouco contato com o mundo exterior, embora seja extremamente dependente deste. Isto se explica pelo pouco amadurecimento de SNC (mielinização das fibras nervosas) acarretando uma predominância do S.N. Interoceptivo sobre o Próprio e Exteroceptivo.

As vivências principais estão, portanto, na esfera das sensações cenestésicas viscerais. O contato maior com o mundo exterior se manifesta por meio da *Alimentação* visto que nesta época as outras atividades (Defecação e Micção) se encontram em suas fases reflexas.

I-2 — *Ingeridor*

Ao observarmos este recém-nascido, sua Atenção está mais ativada no momento da mamada, para depois voltar a um estado de sonolência ou de quietude.

O bebê manifesta um binômio de *Insatisfação* ou Inquietude que precede a mamada e está carregado de intensas vivências cenestésicas ao nível gástrico (estômago); após a alimentação esta vivência se torna plácida mostrando o outro lado do binômio que é a de *Satisfação* ou Quietude, também rica em sensações cenestésicas disseminadas de bem-estar. A cada mamada ocorre uma intensa mobilização no mundo cenestésico principalmente a nível do estômago, boca e esôfago e o resultado é o registro desta vivência no psiquismo caótico indiferenciado. Estes registros recebem o nome de Marca Mnêmica e contribuem para organizar e diferenciar o psiquismo com vivências específicas. Estas vivências, nesta fase do desenvolvimento, vão registrar as sensações de Satisfação ou de Insatisfação relacionadas à Incorporação de Conteúdos Externos para o Meio Interno. A repetição constante das mamadas nestes três primeiros meses de vida vai ocasionar uma quantidade de Marcas Mnêmicas que vão organizar e diferenciar uma parte do psiquismo caótico e indiferenciado. A esta região recém-organizada chamamos de *Papel Psicossomático de Ingeridor*. Juntamente com a incorporação de alimento e sua conseqüente sensação de Satisfação mais ou menos intensa, a criança incorpora um *Clima* afetivo. Este *Clima Afetivo* no caso do Ingeridor é basicamente o clima de Díade Mãe-Filho, no momento da mamada. Entende-se por mãe a pessoa que amamenta a criança pois, como já visto, é nos momentos da amamentação que se mobiliza o mundo cenestésico e mesmo o ambiente externo. Por exemplo, uma mãe ou substituta de mãe que sente hostilidade em relação a esta criança vai passar junto com o alimento esta carga de hostilidade independendo se a hostilidade é ou não dissimulada. Esta carga efetiva (hostil no caso) vai ficar registrada a nível cenestésico e relacionada aos mecanismos de Satisfação/Insatisfação com a Incorporação de Conteúdos Externos para o Meio Interno. É óbvio que, não-necessariamente, vamos encontrar somente cargas emocionais negativas em relação à criança. As cargas afetivas de carinho, ternura, amor vão ser igualmente registradas e cargas que nada tenham a ver com a criança também. Como por exemplo uma mãe que sente dor durante a mamada ou uma mãe ansiosa vai acabar por passar esta carga para a criança. Estas cargas, que chamamos de Clima Afetivo juntamente com o Papel Psicossomático de Ingeridor vão dar origem ao Modelo Psicológico do Ingeridor, responsável pelas vivências de Satisfação/Insatisfação em relação à Incorporação dos Conteúdos Externos para o meio Interno. Quando o Clima Afetivo incorporado durante a mamada é desfavorável, ele acaba por interferir no registro da Marca Mnêmica. Exemplo, uma carga de hostilidade, de ansiedade ou de inquietação da mãe vai impedir que a criança esgote a tensão cenestésica criada com a mobilização do estímulo fome e esta criança embora tenha se alimentado o suficiente não consegue restabelecer o seu estado de Satisfação/Quietude. Ela permanece tensa, ansiosa, vomita, chora etc. A conseqüência disto é que a vivência, responsável pela organização e diferenciação do psiquismo, não se completa. A esta vivência incompleta chamamos de Marca Mnêmica Porosa e o resultado é um registro de Satisfação parcial com o Incorporado — resta uma sensação de insatisfação. A repetição constante deste padrão vai impedir que o psiquismo seja totalmente diferenciado e organizado permanecendo zonas de psiquismo caótico e indiferenciado e impedindo uma boa estruturação do papel e do Modelo do Ingeridor.

A não organização e diferenciação deste psiquismo em zonas de psiquismo caótico e indiferenciado vai resultar num Modelo de Ingeridor Poroso, prejudicando o mecanismo de Satisfação com a Incorporação dos conteúdos Externos. Não fica registrada, a nível cenestésico, uma vivência completa do que é estar satisfeito, não existe claramente o registro psicológico da satisfação e a falta deste registro vai resultar nos distúrbios da Satisfação e da Incorporação dos conteúdos externos para o meio Interno (voracidade, não incorporação etc.). Ao redor de 3 meses e coincidindo com o estabelecimento da Gestalt-Sinal de Spitz termina a formação do modelo de Ingeridor, integrando cenestesicamente o trajeto estômago, boca e esôfago e tendo uma organização e diferenciação de áreas de psiquismo ligadas às sensações (satisfação/insatisfação) e percepções interiorizadas de relações com o ambiente externo (incorporação). A partir deste ponto instala-se uma Aura de Ingeridor que pode ser percebida inicialmente a nível de pele. O bebê chama mais atenção, a pele adquire uma capacidade de atração em relação ao ambiente externo. É difícil passar por um bebê nesta fase sem sentir vontade de tocá-lo. É o início da estruturação do Si Mesmo Psicológico Sincrético. Com o advento da Aura de Ingeridor (si mesmo psicológico sincrético) o Psicológico vai independendo e se desvinculando do somático. A criança passa cada vez mais a poder incorporar os climas de seu ambiente externo (matriz de Identidade) independente dos momentos da alimentação.

Embora a partir deste ponto se disvincule o incorporar psicológico do somático, persiste sempre uma ligação que é o psicossomático. A criança, com seu psicológico parcialmente liberto do fisiológico passa a incorporar e registrar suas vivências, de acordo com o Modelo de Ingeridor preestabelecido e cada vez mais diferenciando e organizando novas áreas do psiquismo (papéis psicológicos) sempre de acordo com a diferenciação e organização inicial estabelecida do modelo de ingeridor.

I-3 — *Desenvolvimento do modelo de defecador*

No período compreendido entre 3 e 8 meses e com a mielinização das fibras do SNC, o foco cenestésico antes focado no trajeto estômago, boca e esôfago se desloca para o intestino grosso e ânus. Este amadurecimento de SNC vai retirando a defecação da sua fase

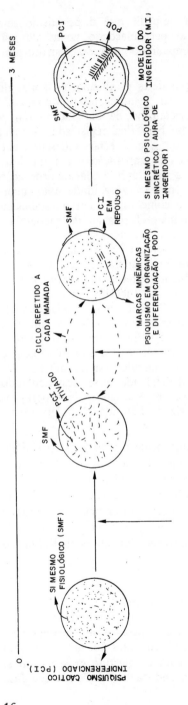

3 MESES

PSIQUISMO CAÓTICO INDIFERENCIADO (PCI)

SI MESMO FISIOLÓGICO (SMF)

SMF / PCI ATIVADO

CICLO REPETIDO A CADA MAMADA

SMF / PCI EM REPOUSO

MARCAS MNÊMICAS PSIQUISMO EM ORGANIZAÇÃO E DIFERENCIAÇÃO (POD)

SMF / PCI / POD

SI MESMO PSICOLÓGICO SINCRÉTICO (AURA DE INGERIDOR)

MODELO DO INGERIDOR (MI)

---

1. Bebê em estado de quietude-satisfação.
2. Bebê dormindo e protegido do ambiente externo (luz, som, temperatura, tato etc.). Pelo pouco desenvolvimento do sistema nervoso extero e proprioceptivo.
3. Predominância do sistema nervoso interoceptivo — sensações predominantemente cenestésicas.
4. Tensão basal baixa.

---

1. Aumento da tensão basal pela fome.
2. Sensação cenestésica de fome localizada no estômago e posteriormente boca e esôfago.

---

1. Bebê em estado de inquietude-insatisfação.
2. Bebê acordado em contato intenso com o ambiente externo que é o clima da relação mãe-filho.
3. Tensão basal alta.
4. Psiquismo caótico e indiferenciado plenamente ativado.

---

1. Incorporação de um conteúdo externo (leite) para o ambiente interno (estômago).
2. Incorporação e fixação do clima da relação mãe-filho.
3. Queda brusca da tensão alta para a basal.
4. Mudança brusca da sensação cenestésica de insatisfação para a de satisfação resultando a marca mnêmica.

---

1. Bebê em estado de quietude-satisfação dormindo.
2. Tensão basal baixa.
3. Marcas mnêmicas dando origem ao POD dentro do PCI com os registros de satisfação/insatisfação com a incorporação de conteúdo externo para ambiente interno.

---

1. Bebê com o modelo de Ingeridor terminando e com um contato psíquico já estabelecido entre mundo interno e mundo externo (fora oral).
2. Aparecimento da aura do Ingeridor com a desvinculação parcial do comer com o incorporar psicológico.
3. POD relacionado com o mecanismo de incorporação-satisfação-insatisfação de conteúdos externos para o meio interno.

reflexa para uma fisiologia mais organizada. Com a absorção maior de água pelas alças intestinais as fezes antes semilíquidas começam a adquirir uma consistência mais pastosa para se tornarem finalmente tridimensionais e sólidas. Estas *vivências cenestésicas* vão sendo registradas no psiquismo caótico e indiferenciado em forma de *Marcas Mnêmicas* que vão organizando e diferenciando este psiquismo com vivências específicas ligadas ao mecanismo da defecação.

São quatro as vivências cenestésicas produzidas nesta fase do desenvolvimento:

1 — *Vivência Cenestésica de Surgimento.* Com a absorção de água dentro da alça do intestino grosso, as fezes líquidas vão se solidificando e, com isto, dentro de um continente virtual (vazio) surge um conteúdo sólido e tridimensional (fezes compostas).

2 — *Vivência Cenestésica de Oposição.* Resultante da pressão que a parede das alças faz sobre o bolo fecal para empurrá-lo até o ânus: movimento peristáltico.

3 — *Vivência Cenestésica de Descarga Motora.* Nesta fase o esfíncter anal predominante é o esfíncter liso, que é involuntário mas apresenta tonicidade. O esfíncter estriado, voluntário, vai se desenvolver mais tarde durante o desenvolvimento do modelo de urinador. Quando o bolo fecal chega na ampola retal levado pelos movimentos peristálticos ele sofre uma oposição do esfíncter e para ser eliminado para o ambiente externo é necessária a mobilização de grupamentos musculares do períneo e também da prensa abdominal desenvolvida com auxílio da contração dos músculos abdominais e diafragma. Essa mobilização muscular vai ser registrada cenestesicamente como uma descarga motora.

4 — *Vivência Cenestésica de Perda.* É a resultante da deposição do bolo fecal no ambiente externo e está ligada ao alívio e ao vazio da ampola retal ao mesmo tempo que determina um novo limite: o Fora Anal, que junto com o Fora Oral do ingeridor vai delimitar o meio interno visceral da criança.

Os correspondentes psicológicos das vivências cenestésicas da defecação são:

1 — *Criação.* A criação é o *surgimento* de pensamentos, idéias, sensações, emoções, ou percepções de forma mais ou menos instantânea dentro da estrutura psíquica. A criação é pois o surgimento de conteúdos internos na esfera consciente do indivíduo.

2 — *Elaboração.* É o processo de, após a criação, o indivíduo ainda em seu meio interno promover oposições de idéias, sensações, emoções etc., produzindo uma seqüência lógica destes conteúdos internos. Por exemplo: surge uma idéia (criação); começa-se então a contrapor esta idéia em relação a outra e o resultado é uma reformulação da primeira idéia, produzindo por este processo uma seqüência de idéias, onde a primeira idéia é reformulada, enriquecida e reorganizada internamente. É o processo de Elaboração. O mesmo serviria para as sensações, emoções e percepções.

3 — *Expressão.* É o resultado da mobilização de grupamentos musculares específicos (descarga motora) que vão permitir ao indivíduo transpor para o *meio externo* os conteúdos internos criados e elaborados. No exemplo das idéias, a expressão é a resultante da mobilização dos grupos musculares da laringe (voz), faciais (mímica), braços (gesticulação) e muitos outros. Cabe à expressão da o colorido emocional (analógico) na mensagem recém-formulada.

4 — *Comunicação.* É o resultado da produção e expressão de conteúdos internos para o meio externo. A vivência é de *Perda* (não confundir com Luto) pois, uma vez expressos, os conteúdos internos deixam de ser um patrimônio individual para ser patrimônio do mundo. Exemplo: uma vez expresso o resultado da idéia criada e elaborada, o indivíduo já não é mais dono dela. Além do mais, a vivência de vê-la e ouvi-la expressa oferece uma dimensão diferente de quando era apenas um pensamento. Mesmo que o indivíduo fale sozinho em voz alta, por um breve espaço de tempo (entre o falar e o ouvir a própria voz falando) a idéia não é dele. Esta é a vivência de Perda relacionada à comunicação.

Deste exposto até aqui, podemos dizer que a Marca Mnêmica do defecador está registrada com a vivência Cenestésica da criação, elaboração, expressão e comunicação de conteúdos internos para o meio externo.

A repetição constante do mecanismo fisiológico da defecação nesta fase dos 3 aos 8 meses vai produzir uma série de vivências (Marcas Mnêmicas) carregadas das vivências cenestésicas já referidas e que vão organizando uma zona de psiquismo caótico e indiferenciado. Esta organização recebe o nome de *Papel Psicossomático de Defecador*, que é a capacidade de criar, elaborar, expressar e comunicar conteúdos internos para o meio externo. Tal como no Modelo de Ingeridor, também neste modelo vai ser fixado um *Clima*. Este clima juntamente com o papel psicossomático vai produzir o *Modelo do Defecador* responsável pela capacidade, forma e características particulares do processo de criação, elaboração, expressão e comunicação dos conteúdos internos para o meio externo. A criança, na fase do defecador já tem concluído e parcialmente desvinculado do somático o Modelo de Ingeridor e também a *aura de ingeridor* fazendo parte do *Si Mesmo Psicológico Sincrético*. Em outras palavras, esta criança está incorporando o tempo todo os climas presentes na sua Matriz de Identidade. É este o clima que vai ser fixado durante a defecação. Diferente do Ingeridor onde o fixado é o clima presente *durante* a mamada, no defecador o clima fixado são os climas *imperantes* da matriz de identidade. Por exemplo: Em uma casa onde o clima é de hostilidade, de repressão ou medo será produzido um clima inibitório em relação aos mecanismos de criação, elaboração, expressão e comunicação de seus conteúdos internos para o meio externo. Ao contrário, será produzida estimulação se o clima for favorável (segurança, carinho, aceitação etc.).

Um clima desfavorável, fixado junto com as vivências cenestésicas, vai produzir uma organização e diferenciação de psiquismo caótico e indiferenciado de forma incompleta, resultando zonas de PCI dentro da nova organização psicológica. Dizemos que a Marca Mnêmica é incompleta e o *modelo de defecador é poroso*.

Com o término da estruturação do Modelo de Defecador (mais ou menos aos 8 meses) se organiza a *Aura do Defecador* que juntamente com a Aura do Ingeridor passa a fazer parte do Si Mesmo Psicológico Sincrético. A Aura do Defecador representa o início da desvinculação dos processos de criação, elaboração, expressão e comunicação dos conteúdos internos para o meio externo do mecanismo fisiológico da defecação. Com o advento da aura do defecador a criança que até agora apresentava um comportamento principalmente de atração (ingeridor) passa a manifestar também seus conteúdos internos. Por exemplo: começa a apresentar suas vontades, medo de estranhos, escolhe e rejeita com quem quer ir no colo, expressa emoções, faz oposições etc. Coincide com a angústia do oitavo mês descrita por Spitz.

Com o término do Modelo do Defecador temos uma criança que já tem uma parte de psiquismo organizado e diferenciado dentro da estrutura psíquica que, em parte, permanece caótica e indiferenciada. A parte diferenciada corresponde ao *Modelo do Ingeridor* e ao *Modelo · do Defecador* com seus respectivos mecanismos. Já apresenta também um desvinculamento parcial do *Ingerir e Defecar Psicológico* do *Ingerir e Defecar Fisiológico*, representado pelas Auras de Ingeridor e Defecador contidas no Si Mesmo Psicológico Sincrético que nada mais é do que uma estrutura pré-egóica.

Com a capacidade de Incorporar Conteúdos Externos e Exteriorizar Conteúdos Internos a criança entra numa fase de grande relacionamento com o ambiente externo, e que vai se estruturando concomitantemente com o Modelo de Urinador mas, para efeito didático, vou descrever primeiro.

I-4 — *Relação com o ambiente externo*

Entre 9 meses e 1 ano mais ou menos o foco cenestésico antes centrado na mucosa anal — limite entre dentro e fora — o limite anal se desloca novamente para a boca, acompanhando o fenômeno da *Dentição*. Este deslocamento cenestésico vai ser responsável pela ligação cenestésica Ânus — Boca com a intermediação do ambiente externo. Esta intermediação do ambiente externo é extremamente importante porque é ele que vai possibilitar a relação entre o incorporado e o defecado, já que a ligação a nível cenestésico não se faz internamente pela pouca inervação do trajeto do intestino delgado. O jejuno e o íleo (partes do intestino delgado que vão unir o conjunto estômago e duodeno ao intestino grosso) têm uma inervação bastante pobre produzindo pouca importância dentro do mundo cenestésico. À medida que a criança expele um conteúdo interno, sólido e tridimensional para o ambiente externo, passa a identificar os conteúdos externos sólidos e tridimensionais consigo própria desenvolvendo uma ligação estreita entre o seu interior e o ambiente externo. Esta ligação permite uma grande *intimidade* da criança com o mundo que a cerca. Os objetos passam a fazer parte das suas *posses* e profundamente identificados consigo mesma. Com o advento da dentição vamos ter ao mesmo tempo dois focos cenestésicos importantes: boca e ânus marcando os limites de dentro e fora. É nesta fase a forte tendência da criança em levar tudo o que encontra à boca e experimentar. Os objetos levados à boca estão carregados de *intimidade, posse* e *identificação consigo mesma* e à medida que não são incorporados ficam definitivamente fazendo parte do ambiente externo. Deste modo, a criança consegue ao mesmo tempo que se identifica com o ambiente externo manter com este uma relação de forte *dependência* à medida que identifica que o que é *incorporado* tem algo a ver com o *defecado*. Esta vivência a nível cenestésico vai se desenvolvendo junto com a vivência ambiental onde a criança, além de separar com a *boca* o que "não é interno", passa a identificar nas fezes (internas exteriorizadas) restos alimentares (externos internalizados). O bom desenvolvimento desta fase vai permitir que a criança perca parte da onipotência infantil e, ao mesmo tempo em que se identifica e ganha intimidade com o ambiente externo (potência de intervir e modificar o externo), sendo sua profunda dependência do mundo que a cerca. O não-desenvolvimento desta fase vai resultar na *soberba* (Eu mebasto) que é a não-ligação entre o Incorporado e o produzido. Nesta fase a criança está com toda sua atenção para fora, ela descobre um mundo novo. Impera a curiosidade e a experimentação. Toda vivência é ligada ao ambiente externo e vai sendo registrada a nível psicológico, organizando e diferenciando uma nova zona de psiquismo caótico e indiferenciado relacionada com o Modelo de Ingeridor e o de Defecador que damos o nome de *Área Ambiente*, responsável pela *Percepção interna do ambiente externo*.

I-5 — *Desenvolvimento do modelo de urinador*

Com a maturação do Sistema Nervoso Central inicia-se esta fase que vai de aproximadamente 8 meses até 2 anos cujo foco cenestésico vai se localizar a nível de aparelho urinário compreendendo a bexiga urinária, esfíncter estriado da bexiga e também o esfíncter estriado anal e a uretra. Com a maturação do SNC os esfíncteres estriados começam a apresentar maior tonicidade, é o que acontece tanto com o esfíncter vesical (referente à bexiga urinária) como com o anal. Esta maior tonicidade começa a promover um maior enchimento da bexiga que antes apresentava somente o enchimento necessário para desencadear o reflexo da micção. A maior continência do esfíncter, aliada ao maior enchimento da bexiga vai ativar um foco cenestésico que se caracteriza inicialmente por uma sensação global por uma *Tensão Lenta e Progressiva* seguida por uma *Descarga Motora Rápida e Prazerosa*. Tomemos inicialmente a vivência de um adulto, que pode ser você mesmo, caro leitor. O que acontece quando você está interessado em uma determinada atividade, assistindo a uma palestra interessante, lendo um livro de suspense, no meio da prova do vestibular, jogando uma incrível partida de buraco, em meio aquela paquera, ou mesmo lendo este livro e começa a surgir a vontade de urinar? Neste momento, você está todo voltado para o *ambiente externo* onde se localiza o foco de sua *atenção*. À medida que surge o desejo de micção você é obrigado, mesmo que momentaneamente, a desviar sua atenção do ambiente externo para localizá-la sobre si mesmo, isto é, numa *tensão localizada no Ambiente Interno* (bexiga urinária). Com o *controle da vontade* você pode inibir momentaneamente este desejo e continuar a prestar atenção sobre o ambiente externo. Conforme a bexiga urinária vai se enchendo e o esfíncter vai se tornando mais tônico, suas atividades externas vão se tornando cada vez mais comprometidas por três situações:

1 — *Tensão* — a tensão interna vai aumentando e de uma tensão global vai se localizando na região da bexiga urinária.

3 MESES —————————————————————— 8 MESES

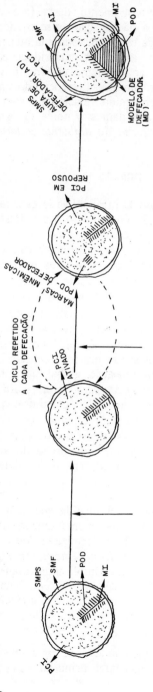

1. Bebê em contato com o ambiente externo pelo modelo e aura do Ingeridor e registrando as vivências no POD-Ingeridor.
2. Predominância do sistema nervoso interoceptivo em relação ao extero e interoceptivo.
3. Tensão basal baixa.

1. Aumento da tensão basal ligada ao mecanismo fisiológico da defecação.

1. PCI ativado.
2. Sensação cenestésica de:
a) surgimento
b) oposição
c) descarga motora
d) perda-depositação ligadas ao intestino grosso e ânus.

1. Defecação.
2. Fixação do clima internalizado pela relação do bebê com o meio ambiente no modelo de defecador. Clima da matriz de identidade.
3. Depositação de um conteúdo interno no ambiente externo.
4. Queda brusca da tensão interna.

1. Marca mnêmica do defecador com o registro psicológico de:
a) criação
b) elaboração
c) expressão
d) comunicação de conteúdos internos para o mundo externo.
2. Psiquismo se organizando e diferenciando em relação ao modelo de defecador.

1. Bebê com o modelo de defecador terminado e com contato entre mundo interno e mundo externo (fora anal).
2. Aparecimento da aura de defecador com a desvinculação parcial entre o defecar e o criar-elaborar-expressar e comunicar conteúdos internos para o ambiente externo.
3. Delimitação de uma área psicológica entre o MI e o MD, denominada área ambiente responsável pela percepção interna do ambiente externo.

2 — *Atenção* — a mobilização do *foco cenestésico interno* começa a interferir nos processos de *Atenção e Pensamento.* Nos exemplos dados, você não mais consegue prestar atenção na palestra, ou no livro, ou no jogo, paquera etc., pois sua atenção passa a flutuar e a ser solicitada para dentro de si mesmo; seu *pensamento começa a se tornar desorganizado* e sua capacidade de *concentração diminui.* A estes *fenômenos mentais* chamamos de *Atenção Flutuante.*

3 — *Agitação Motora* — à medida que se aumenta a tensão interna começa a ocorrer um *fenômeno motor* que é uma inquietação motora generalizada e que vamos chamar de *agitação motora* que o prepara para a ação da micção.

Esta Tensão Interna, Atenção Flutuante e Agitação Motora só vão cessar quando você se resignar a retirar sua atenção do ambiente externo, voltá-la para si mesmo e desencadear o reflexo de micção que vai ser seguido de uma sensação de prazer. Voltamos a focalizar nossa criança; com o término do Modelo de Defecador e o aparecimento da Aura correspondente, a criança passa agora a focalizar toda a sua atenção. Imaginemos uma criança de mais ou menos um ano e meio. Sua atenção está concentrada no ambiente externo que aparece como um mundo a ser pesquisado; ela já se movimenta razoavelmente e já iniciou o processo de fala, mexe em tudo e tem uma curiosidade enorme. À medida que começa a ocorrer o enchimento vesical inicia-se a ativação do foco cenestésico cuja manifestação vai ser a de uma *Tensão Lenta e Progressiva Interna*; esta tensão interna começa a fazer com que a criança *pare de se movimentar* (é bem difícil urinar em movimento) e *volte a atenção sobre si mesma* para desencadear o reflexo da micção. Nesta fase a criança *não quer* nem parar de se movimentar e muito menos retirar sua atenção do ambiente externo. Inicia-se uma luta entre a *tensão interna* (parar a movimentação e voltar a atenção sobre si mesma) e a *atividade externa* (movimentação e atenção voltada para o ambiente externo).

Um bom exemplo disto é a luta que a criança estabelece contra o sono. Ela não quer se desligar do ambiente externo e se entregar ao sono. Tentando *retardar* o momento de ter que parar e voltar a atenção sobre si mesma a criança passa a *contrair o esfíncter tanto vesical como anal* (é comum a confusão entre xixi e cocô nesta fase). Contraindo o esfíncter ela consegue continuar a brincar e experimentar o mundo (atenção no ambiente externo). Por outro lado, a *tensão interna aumenta* provocando o fenômeno da *atenção flutuante,* e posteriormente a *agitação motora* que *obrigam* a criança a voltar a atenção sobre si mesma e cessar a movimentação para urinar. Este processo vai estabelecer o *controle de esfíncter* tanto vesical como anal. O esfíncter passa a obedecer, gradativamente, ao controle da vontade independente de fraldas, penicos e regras como querem alguns pais, educadores, pediatras etc. Quero ressaltar que o controle de esfíncteres se faz a *nível cenestésico* e a aprendizagem de onde defecar e urinar é outra coisa, não dependendo a primeira (controle de esfíncter) da segunda (regras sociais).

Durante a micção, a criança que estava experimentando uma grande tensão interna com os correspondentes de ativação do processo de pensamento, tensão flutuante e agitação motora, experimenta um momento de prazer acompanhado de parada de movimentos e "esvaziamento" mental, como se toda a agitação mental se descarregasse junto com a urina. Para, no momento seguinte, poder voltar sua atenção para o ambiente externo e continuar sua experimentação do mundo.

Este processo vai ocasionar como nos outros modelos uma *Marca Mnêmica* que vai registrar as *vivências cenestésicas: Tensão Lenta e Progressiva, Controle e Decisão e Descarga Motora Rápida e Prazerosa* na parte do psiquismo ainda caótica e indiferenciada, iniciando a organização e diferenciação deste psiquismo.

A nível somático a *Tensão Lenta e Progressiva* está relacionada cenestesicamente à bexiga urinária, o *Controle* à estrutura dos esfíncteres estriados (anal e vesical), a *Decisão* ao voltar-se sobre si mesma, e a *Descarga Motora Rápida e Prazerosa* à passagem da urina por dentro da uretra.

Os correspondentes psicológicos serão os seguintes:

1 — *Tensão Lenta e Progressiva.* Vai atuar sobre os mecanismos da atenção e do pensamento produzindo uma *Ativação Mental.* Esta ativação mental na criança produz imagens pouco organizadas e, às vezes, até assustadoras pelo pouco desenvolvimento do pensamento e memória desta fase; subseqüentemente, a *Ativação Mental* vai estar ligada aos processos de *Fantasia, Devaneios* e *Planejamento.*

2 — *Controle do Esfíncter.* Diretamente relacionado ao *Controle da Vontade,* vai atuar nos mecanismos da passagem de um estado (Tensão Vesical — Ativação Mental) para outro tipo de estado (ativação corporal — prazer corporal — ação corporal no ambiente externo).

3 — A abertura do esfíncter vai depender de duas variáveis: a) *Decisão:* o indivíduo decidir o momento em que isto deve acontecer. É fundamental que neste momento a atenção esteja centrada sobre si mesmo para que a decisão ocorra. É um processo mental. b) *Descarga motora:* Uma vez dada a decisão de iniciar a micção, mobiliza-se o grupamento motor que com-

prime a bexiga vencendo a tonicidade do esfíncter para iniciar a micção que depois continua por mecanismo reflexo. O correspondente psicológico abrange a *Decisão* de praticar a ação *planejada* a nível mental e o *Início* da ação vencendo a inércia da não-ação.

4 — *Descarga Motora Rápida e Prazerosa.* Relacionada com o *Prazer e Ação Corporal.* A descarga motora vai dar início à ação (está ligada ao controle de esfíncter) e também toda a sua continuidade, pois continua a existir contração muscular, a nível da musculatura da bexiga e da própria parede da uretra. Esta descarga motora está carregada de *prazer.* O correspondente psicológico é o da *Execução das ações no Ambiente Externo que contribuem para Satisfazer Desejos Internos* (Descarga das Tensões Internas). Tanto a Execução como o próprio Conteúdo da Execução são Prazerosos na medida em que descarregam pelo corpo e no Ambiente Externo as Tensões Mentais acumuladas (planejadas, fantasiadas e devaneadas).

Portanto, a Marca Mnêmica do Urinador vai estar constituída das vivências de *Planejamento, Controle, Decisão e Execução de Ações no Ambiente Externo que gratificam Desejos Internos.*

Estas Marcas Mnêmicas vão organizar e diferenciar o psiquismo caótico e indiferenciado resultando no *Papel Psicossomático de Urinador.* Durante a organização do psiquismo e formação do Papel de Urinador (vivências contidas nas Marcas Mnêmicas) vamos também ter um *Clima* que, fixado junto com as vivências cenestésicas, vai formar o *Modelo de Urinador.* No início da formação do Modelo de Urinador a nossa criança apresentava duas auras no si mesmo psicológico sincrético; a de ingeridor e a de defecador o que possibilitava a incorporação psicológica de conteúdos externos e a exteriorização dos conteúdos internos, possibilitando já uma *interação* entre a criança (conteúdos internos) e sua matriz de identidade (conteúdos externos).

Vão ser fixados junto ao papel de urinador dois outros tipos de vivências não-cenestésicas:

1 — *Clima.* O clima fixado no urinador é o clima da Matriz de Identidade ampliada para o *social,* pois nesta fase a criança já tem uma vida social maior. E também não é mais o clima só da Matriz para a criança como no ingeridor e defecador, mas sim o clima *Resultante da Interação da Criança e seu Meio.*

2 — *Aprendizado.* É uma fase de grande atividade mental pois em mais ou menos 1 ano (de 1 a 2 anos) esta criança aprende a língua materna e seus principais significados. Acaba sendo incorporado no modelo de urinador este primeiro aprendizado

não só da língua como também e, principalmente, as *características básicas do seu núcleo familiar* (tradições, comportamentos, gestos, jeitos etc.) e que vai fazer *parte da estrutura de personalidade,* pois nesta fase não existe ainda desenvolvida a estrutura egóica, que vai funcionar como filtro posteriormente. O que entra nesta fase do urinador é impresso e vai fazer parte do próprio *Ser.*

Junto com as vivências cenestésicas e com o clima, o modelo de Urinador vai ainda sofrer uma influência relativa ao *tamanho da uretra,* que é diferente no homem (maior e intrapeniana) e na mulher (menor) e desembocando no vestíbulo vaginal. A urina, após a passagem no *esfíncter vesical,* deixa de ser um conteúdo interno para ser um *conteúdo externo internalizado* durante o seu trajeto pela uretra. Portanto, a nível cenestésico, vamos ter uma vivência de *penetração no meio ambiente,* maior e mais duradoura no homem do que na mulher. Junto com a vivência cenestésica de penetração no meio ambiente as vivências ligadas a esta penetração também são diferentes:

No Homem: O jato urinário é *acompanhado pela visão,* tem um poder bastante preciso de *dirigibilidade, age sobre os objetos à distância aliado* a um *alto poder de penetração no ambiente.* Estas vivências vão favorecer um comportamento de ação do tipo *Conquista.*

Na Mulher: O jato urinário *age sobre objetos próximos* e apresenta um *alto grau de proximidade,* pois a mulher (se mija) entra em *contato íntimo com a urina,* ela se molha ao urinar (vestíbulo uretral e vaginal), o que vai ligar a ação à intimidade, isto é, a *ação do tipo intuitiva* que vai favorecer os comportamentos do tipo *Sedução.*

Estas vivências vão produzir *diferenças no comportamento* e principalmente na *forma estrutural de pensamento* entre o homem e a mulher. Gosto de citar um exemplo que deixa clara esta diferença: um casal recém-casado entrando em sua nova casa, ainda vazia. Na cabeça da mulher está em andamento um planejamento de como organizar a sala de visitas, os móveis, onde colocar a geladeira etc. Na cabeça do homem está passando o planejamento de como conseguir comprar o terreno do vizinho etc.

Embora estas vivências sejam claramente de homem e mulher, não permanecem desta forma pois são modificadas pela fixação dos climas de urinador já explicados. Esta fixação dos climas pode alterar as vivências primárias conforme os padrões familiares, sociais, estruturação familiar etc. O resultante é tanto homens como mulheres apresentarem as duas formas de ação: Conquista e Sedução. Sendo

8 MESES ——————————————————————————— 2 ANOS

8 MESES (diagram labels): COM, E.S., AS, AD, SMPS, SMF, AI, PCI, MI, POD, MD, ATENÇÃO PARA FORA

PCI ATIVADO

PCI EM REPOUSO — MARCAS MNÊMICAS DE URINADOR (MU)

MODELO DE URINADOR — S MP, C, A, M, MI, POD, AI, ÁREA CORPO, ÁREA AMBIENTE, ÁREA MENTE, AURA DE URINADOR

---

1. Criança com a atenção voltada para fora
2. Aumento da tonicidade dos esfíncteres anal e vesical (bexiga).
3. Mobilização da atenção de fora para dentro pelo aumento da tensão interna provocada pelo maior enchimento da bexiga.

---

1. Aumento da tensão interna pelo enchimento da bexiga.

---

1. Atenção da criança dividida entre o ambiente externo (curiosidade) e o interno (tensão vesical).
2. Criança tenta evitar a mudança da atenção de fora para dentro retendo a micção. Contrai voluntariamente o esfíncter e com isto começa a controlá-lo.
3. Sensações cenestésicas de:
a) tensão lenta e progressiva ligada à bexiga urinária;
b) tensão e contração do esfíncter ligada a controle;
c) descarga motora rápida e prazerosa ligada à uretra.

---

1. Micção.
2. Fixação do clima da matriz de identidade resultante da interação criança-meio ambiente. Junto com os conceitos básicos de aprendizagem (hábitos, comportamentos), expressões etc.
3. Depositação ativa de um conteúdo interno que invade o meio externo.
4. Queda brusca da tensão interna.

---

1. Marca mnêmica de urinador com o registro psicológico de:
a) planejamento
b) controle
c) decisão
d) execução de ações no ambiente externo que gratifiquem desejos internos.
2. Psiquismo em organização e diferenciação em relação ao modelo de urinador.

---

1. Criança com o modelo de urinador terminado.
2. Aparecimento da aura de urinador com o desvinculamento parcial entre a micção e o planejamento-controle-decisão e execução de ações no ambiente externo que gratifiquem desejos internos.
3. Delimitação de duas áreas:
a) área mente responsável pelos processos de pensamento
b) área corpo responsável pelos processos de sensações e afetos.
4. Transformação do si mesmo psicológico sincrético em si mesmo psicológico.

que no homem a ação do tipo conquista é mais instintiva e a de sedução aprendida; e, na mulher, a ação intuitiva e de sedução é mais instintiva e a de conquista é aprendida.

Com o término do *Modelo de Urinador* vamos ter a *Aura de Urinador* que é a desvinculação dos mecanismos de Planejamento, Controle e Execução de ações no ambiente externo que gratificam desejos (tensões) internas do ato somático da micção.

A aura do urinador, junto com a de defecador e a do ingeridor vão dar origem a não mais um si mesmo psicológico sincrético, mas sim ao *Si Mesmo Psicológico* que já é uma estrutura egóica.

Consideramos esta época que é de mais ou menos três anos e meio (advento do Si mesmo Psicológico) como término da estruturação básica da personalidade. O Núcleo do Eu já está formado com os Modelos de Ingeridor, Defecador, e Urinador e as Áreas Corpo, Mente e Ambiente. Como já dito, os distúrbios ocorridos na formação dos diversos Modelos acabaram por acarretar alterações nas marcas mnêmicas que resultaram na má organização do psiquismo caótico e indiferenciado. Estas dificuldades estruturais vão produzir zonas de psiquismo caótico e indiferenciado convivendo com zonas de psiquismo organizado e diferenciado cujos resultados vamos analisar ao falar da Psicopatologia.

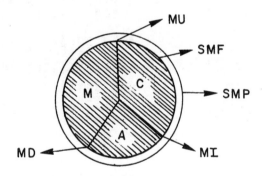

1. Núcleo do Eu completamente estruturado ao redor de 3 a 3,5 anos.
2. Contendo psiquismo organizado e diferenciado, modelos de ingeridor, defecador e urinador.
3. O si mesmo psicológico substitui o si mesmo psicológico sincrético.

I-2 — *Psicopatologia básica*

A má-estruturação de um ou mais modelos vai ser o resultado de partes de psiquismo que não foram devidamente organizados e diferenciadas na época certa e que terminam como zonas de psiquismo caótico e indiferenciado convivendo com o psiquismo já organizado. As zonas de PCI são partes do psiquismo onde estão registradas uma série de vivências como no psiquismo organizado e diferenciado (POD — Psiquismo Organizado e Diferenciado). A diferença é a de que as vivências registradas no PCI não são claramente identificadas, nem controladas, nem elaboradas pelo indivíduo. Fazem parte da personalidade, mas de forma não plenamente integradas. As vivências localizadas no POD são identificadas, elaboradas, controladas e integradas na personalidade fazendo parte dos *referenciais psicológicos* da pessoa, o que constitui a sua noção de *Identidade Psicológica*.

As vivências das zonas de PCI por não serem plenamente integradas não servem de referenciais psicológicos e sua contribuição para a formação da Identidade Psicológica é somente o reconhecimento de sua existência. Exemplo: eu entro em pânico ao ver uma barata. Dentro do meu POD eu sei que este pânico é desproporcional, que eu sou muito maior e poderoso que a barata e tantas outras considerações que fazem parte dos meus referenciais psicológicos e, portanto, da minha Identidade. Mas, ao mesmo tempo, tenho que reconhecer que existe um pânico, e que é resultado de algum tipo de vivência não-identificada, não-elaborada e pouco controlada por mim. Não faz parte dos meus referenciais psicológicos e dentro da minha Identidade o único reconhecimento é o de que este pânico existe, não encontrando nenhuma explicação ou justificativa plenamente aceitável para seu aparecimento. Portanto, este pânico e suas vivências correspondentes estão localizados em zonas de psiquismo caótico e indiferenciado e não integrados aos referenciais psicológicos conscientes que fazem parte da identidade.

Podemos dizer que as vivências registradas nas zonas de PCI permanecem na estrutura psicológica de forma não-integrada e que seu registro ao nível de Identidade é somente o reconhecimento de sua existência.

A permanência de zonas de psiquismo caótico e indiferenciado dentro da estrutura psicológica de um indivíduo vai acarretar quatro sintomas básicos que chamo de *Características Gerais de Patologia Psíquica* e que são:

1 — Perda Parcial de Identidade

2 — Sensação Basal de Incompleto

3 — Insegurança Basal Permanente

4 — Sensação Basal de Medo

1 — *Perda Parcial de Identidade*. As vivências ligadas às zonas de PCI, ao mesmo tempo em que fazem parte da estrutura psicológica em forma de sensações, emoções, pensamentos ou percepções não são

identificadas, elaboradas, controladas e integradas a nível da vontade e do consciente. Esta defasagem produz uma *identidade psicológica parcial*. Passam a fazer parte da Identidade Psicológica as sensações, emoções, pensamentos e percepções integradas e, portanto, ligadas a vivências registradas no Psiquismo Organizado e Diferenciado e a consciência de partes psicológicas que não estão submetidas ao controle da vontade nem têm uma explicação consistente de sua existência. Passam a não fazer parte dos referenciais psicológicos conscientes todas as vivências não-integradas, fora do controle da vontade e de pouca explicação consciente e ligadas ao Psiquismo Caótico e Indiferenciado.

O indivíduo que tenha o seu *Desenvolvimento Psicológico Incompleto* (Zonas de PCI) passa a ter uma Perda Parcial de Identidade pois vai ter uma parte de si mesmo que não é conhecida, nem explicada, nem controlada embora exista.

As áreas de identidade bem-estruturadas estão relacionadas à *"SAÚDE"* e as de perda parcial de identidade estão relacionadas a *"DOENÇA"*.

Na experiência clínica e na vida notamos sempre o forte interesse dos clientes por um diagnóstico: "Doutor, qual é o meu diagnóstico? Como eu sou?" Que nada mais é do que a procura de uma complementação para a identidade, mas na medida em que esta complementação vem de "fora para dentro" ela serve apenas de *RÓTULO*, pois o conhecimento real da própria identidade é um conhecer-se que vem de "dentro para fora", brota do indivíduo e não incorpora-se a ele.

Essa preocupação constante dos Neuróticos e Psicóticos em busca de um complemento de Identidade, que na maior parte das vezes acaba por se tornar um *Rótulo de Identidade* (identidade de fora para dentro e não de dentro para fora) que por um lado alivia a sensação de perda parcial de identidade e por outro dificulta a pesquisa da verdade identidade, pois esta é o resultado de um processo que vem de dentro (conteúdos internos) para fora.

2 — *Sensação Basal de Incompleto*. Ao permanecer uma área de psiquismo não integrada na estrutura psíquica o indivíduo vai sempre ter uma sensação de não estar *"integrado em si mesmo"*, de *não ser Uno*. É uma sensação básica e permanente, pois independe de uma complementação objetiva externa, isto é, a sensação de incompleto existe independente das diversas situações objetivas de se estar incompleto em determinadas situações. A sensação de incompleto está sempre ligada a uma sensação de inquietação e de procura de *algo* não claramente identificado que possa completar o que falta e produzir a sensação de completo, integrado.

3 — Insegurança Basal Permanente. Ao não poder contar com o conhecimento de "Como EU SOU" e nem tendo a certeza de suas reações emocionais e comportamentais, o indivíduo com Perda Parcial de Identidade vai ter sempre uma *INSEGURANÇA BASAL PERMANENTE*, semelhante ao que Laing descreve para as esquizóides e que chama de INSEGURANÇA ONTOLÓGICA.

Esta insegurança basal permanente é uma sensação interna e não está vinculada nem é proporcional às situações de inseguranças objetivas da vida que tendem a ser proporcionais e relacionadas com situações de insegurança ligadas ao meio externo. É também a insegurança advinda da sensação de não poder contar consigo mesmo.

Por exemplo: sentir-se inseguro em relação ao emprego numa situação em que estão havendo cortes de pessoal e crise na empresa é uma sensação vinculada e proporcional a um estímulo do ambiente externo.

Sentir-se inseguro em relação ao emprego, independente de cortes de pessoal ou crise na empresa é uma sensação desvinculada e desproporcional ao estímulo externo, devendo pois estar mais relacionada aos estímulos internos já comentados.

Na realidade, as sensações andam juntas e é difícil quantificar o quanto é insegurança objetiva e quanto é insegurança basal permanente.

4 — Sensação Basal de Medo. Aliada à perda parcial de identidade, sensação de incompleto e insegurança basal, vamos encontrar no indivíduo com desenvolvimento psicológico incompleto uma *sensação permanente de Medo.* É também um Medo desproporcional às situações objetivas produtoras de medo e embora possa aparecer de muitas formas, o desencadeante básico é *Não Poder Contar consigo próprio* por não ter a sensação básica de se conhecer por completo. É a mesma sensação de, numa hora de perigo, estar sob a proteção de alguém parcialmente desconhecido.

Estas quatro características são sempre encontradas quando existem zonas de psiquismo caótico e indiferenciado convivendo com as zonas de psiquismo organizado e diferenciado após a estruturação do *ego* (término da estruturação básica da personalidade). Por estarem presentes em todos os indivíduos com seu desenvolvimento psicológico incompleto, dou o nome de *Características Gerais Patológicas, Psíquicas ou Psicológicas.*

A permanência das zonas de PCI, vai acarretar além das características patológicas básicas uma confusão, pois, ao mesmo tempo em que o indivíduo tem seus pontos de referência a respeito de si mesmo relacionados a seus conceitos de identidade e calcados nas zonas de psiquismo organizado e diferenciado, tem a sensação básica de existir, sem nenhuma referência e identidade e calcada nas zonas de PCI. Para se livrar destas sensações, são elaboradas defesas intrapsíquicas que quando ativadas impedem que se entre nesta confusão não impedindo entretanto as sensações básicas já descritas e nem a angústia delas advinda. Estas defesas têm características próprias das fases de desenvolvimento e da quantidade de zonas de PCI advindas de cada fase e são chamadas de *Mecanismos Reparatórios*. Os mecanismos reparatórios ao apresentarem características ligadas às fases de desenvolvimento tornam possível e facilmente agrupáveis determinados tipos de personalidades e têm uma correlação com a psicopatologia clássica. Vou apresentá-los de forma resumida com o título de psicopatologia específica.

I-3 — *Psicopatologia Específica*

As zonas de PCI estão distribuídas nas várias fases do desenvolvimento e uma maior concentração em determinada fase vai produzir traços mais marcados de personalidade desta fase. Para efeito didático, vou descrever a psicopatologia específica como se as zonas de PCI abrangessem somente uma fase do desenvolvimento.

I-3.1 — *Psicopatologia do Ingeridor*

Chamamos Patologia do Ingeridor o indivíduo em que as zonas de psiquismo caótico e indiferenciado estejam principalmente localizadas entre a área Corpo (sentir) e a área Ambiente (perceber) e foram conseqüência da má estruturação do Modelo de Ingeridor. As vivências registradas nestas áreas serão de difícil identificação e as vivências mais anitgas ficarão parcialmente fora da estruturação consciente da personalidade. Ex.: sensações, percepções, figuras de mundo interno incorporadas, situações de vida etc. As zonas de Psiquismo Organizado e Diferenciado ficarão mais localizadas na área Mente (pensamento, explicação, raciocínio), produzindo os referenciais conscientes de personalidade e, portanto, a Identidade Consciente deste indivíduo está mais localizada ao nível dos processos de pensamento e explicação do que nas áreas das sensações, emoções e percepções. A mobilização de sensações ou percepções das zonas de PCI causam no indivíduo uma sensação de estranheza e confusão, conseqüência direta da perda parcial de identidade, dando como resultado uma forte sensação de *Angústia*. Para se defender da vivência do caótico e indiferenciado, perda de referenciais psicológicos, perda de identidade, confusão e angústia, o psiquismo estrutura determinados tipos de defesa a que damos o nome de *Mecanismos Reparatórios* e tem características semelhantes às das áreas e modelos envolvidos.

No caso do Ingeridor, a zona de PCI vai ocasionar uma confusão entre o *sentir e o perceber*, fazendo com que as *sensações e emoções sejam percebidas fora do indivíduo e as percepções externas sejam sentidas como próprias*. Ex.: eu percebo o meu desejo sexual no tarado, mas como se fosse só dele e não também meu. Eu sinto o drama do Joãozinho como se fosse meu e não dele.

Na tentativa de evitar estas confusões, o psiquismo pode lançar mão de recursos advindos da: Área Corpo e *reter as sensações e emoções convertendo-as em sintomas corporais*. É comparável às defesas conversivas dos quadros Histéricos na psicopatologia clássica. Pode também lançar mão de recursos da Área Ambiente, *produzindo distanciamento físico e/ou psíquico de determinados tipos de situações*, evitando assim percepções que seriam misturadas com sensações e emoções. É comparável às defesas Fóbicas da psicopatologia clássica. Podemos também lançar mão da área mais bem-delimitada, ou mais saudável ou "Área Forte"; no caso do Ingeridor é a Área Mente. Este recurso é o de sobrevalorizar a área Forte e consiste em tentar *dar uma explicação lógica aos fenômenos ocorridos* num processo de racionalização que não chega a convencer o indivíduo, mas lhe dá um alívio à confusão por fornecer uma pseudo-identidade e um referencial psicológico provisório para a situação; mas, não resolve a perda parcial de identidade nem a sensação de incompleto, insegurança e medo a ela acoplados.

Podemos também lançar mão dos recursos advindos dos modelos mais bem-estruturados ou Modelos Sadios e que chamamos de *mecanismos de vicariância*, termo médico para designar a substituição da função de um órgão doente por seu homólogo sadio. Ex.: o pulmão direito aumenta a sua função para suprir uma deficiência do pulmão esquerdo doente. Dizemos que o pulmão direito é vicariante.

A utilização da vicariância dos modelos sadios tem duas funções principais:

1 — Diminui a tensão intranúcleo. As tensões internas que dependem para sua exteriorização e diminuição de recursos do modelo poroso e/ou zonas de PCI, podem ser diluídas pela vicariância nos modelos sadios.

33

2 — Auxilia o Modelo Poroso. Embora os conteúdos sejam saudáveis em suas formas e conteúdos, pois se são expressos por modelos saudáveis, têm uma intenção secundária que supre parcialmente o modelo poroso e as zonas de PCI.

Por exemplo, no caso da patologia do ingeridor a vicariância se estabelece nos modelos de Defecador e Urinador. Na vicariância do Ingeridor no Urinador o indivíduo acaba por Planejar e Executar ações no ambiente externo não para gratificar desejos internos, mas sim, para diminuir a tensão dentro de núcleo e auxiliar o modelo de ingeridor. A intenção secundária é fazer para *Receber Algo* sem que este receber esteja focalizado para os outros e, muitas vezes, para si mesmo. É também facilmente percebível pelo *Falar em Jorro*. É um falar que produz no interlocutor uma sensação de tensão crescente e de afogamento, inundação; é a tensão saindo pela boca. Tem uma característica de manter sempre um suspense e nunca ter uma conclusão. Um assunto se emenda no outro e assim por diante. A intenção secundária fica evidenciada pois é um falar que prende a atenção do interlocutor o tempo todo e impede que este participe ou interrompa o assunto. Na vicariância do Ingeridor no Defecador, o indivíduo Cria, Elabora, Expressa e Comunica Conteúdos mas que não são verdadeiramente os Seus Conteúdos Internos e sim Conteúdos Intelectualizados com a finalidade de diminuir a tensão interna e, ao mesmo tempo, focar a atenção sobre si mesmo auxiliando não-oficialmente o modelo poroso de ingeridor. A fala tem características do defecador, é uma Fala Estruturada, com Argumentos Sólidos, Pausada e Refletida.

A zona de PCI envolve o Modelo de Ingeridor e este acaba por ser mal-estruturado e lhe damos o nome de Modelo de Ingeridor Poroso. Isto vai intervir e dificultar os mecanismos de *Incorporação e Satisfação* de conteúdos externos para o meio interno. A nível da Incorporação vamos tanto encontrar dificuldades na aceitação e incorporação descontrolada de qualquer conteúdo externo. E a nível de satisfação, o indivíduo acaba por não ter registro vivencial de como é se sentir satisfeito, pleno e, portanto, a sensação de insatisfação é permanente, independendo da quantidade e da qualidade do incorporado.

Conforme o nível de comprometimento dos modelos, o indivíduo acaba por utilizar o Papel Psicossomático ao invés do Modelo Psicológico. No caso do Ingeridor o mais comum é comer ou beber, morder, engolir etc. (funções incorporativas concretas) ao invés do incorporar psicológico. Pode acontecer também nos modelos vicariantes embora isto seja menos comum, pois para haver vicariância o modelo tem que estar mais sadio.

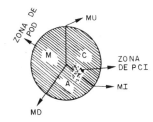 

1. Permanência de zona de PCI devido à má estruturação do modelo do ingeridor.
2. Área mente bem delimitada. Mecanismos de pensamento são considerados e utilizados como referência de saúde.
3. Confusão entre o sentir (área corpo) e o perceber (área ambiente).
4. Alterações nos processos de incorporação-satisfação/insatisfação.

1. Mecanismos de defesa intrapsíquicos da patologia de ingeridor.

I-3.2 — *Psicopatologia do Defecador*

A Psicopatologia do Defecador está relacionada com a persistência de zonas de psiquismo caótico e indiferenciado originadas durante a estruturação do Modelo do Defecador ocupando parte das áreas Ambiente (percepção) e Mente (pensamento).

Como já foi visto, as vivências registradas nestas zonas serão de difícil identificação e as vivências mais antigas ficarão parcialmente fora da estruturação consciente da personalidade. O psiquismo organizado e diferenciado deste indivíduo está mais localizado nos processos de sentir, responsáveis pelos referenciais conscientes de personalidade e, portanto, a Identidade Consciente deste indivíduo vai estar mais focada em suas emoções e sensações. As vivências ligadas às percepções e explicações vão estar mais confusas gerando estranheza e angústia patológica. Assim, este indivíduo vai se munir de mecanismos reparatórios e que no caso do Defecador vão se localizar nas áreas mente e ambiente.

As Zonas de PCI no Defecador vão ocasionar uma confusão entre o *Pensar e o perceber,* fazendo com que *o pensamento seja identificado e percebido como se situações internas e situações exter-*

nas sejam interpretadas conforme a linha de pensamento do indivíduo. Ex.: eu *penso* que o Joãozinho não gosta de mim e passo a me comportar com ele como se fosse verdade, independente das atitudes dele para comigo. Eu *identifico* as atitudes do Joãozinho para comigo conforme a premissa do meu pensamento (ele não gosta de mim), passando a interpretá-las conforme o que penso que acontece.

Na tentativa de evitar esta confusão o psiquismo lança mão de Mecanismos Reparatórios conforme as áreas em conflito. Pode lançar mão de recursos da área ambiente e da área mente.

O recurso da área ambiente é o de *criar situações no ambiente externo em que este mesmo ambiente se veja compelido a fornecer uma informação, sem que esta seja claramente formulada, e que confirme ou não a formulação originada do meu pensamento.* Este tipo de mecanismo se caracteriza por uma invasão e manipulação do ambiente externo com o objetivo de resolver uma dúvida interna sem que esta seja identificada. *É uma defesa do tipo Psicopático.*

O mecanismo reparatório da Área Mente consiste em reter a nível de pensamento os conflitos entre pensar e perceber. O indivíduo passa *criar uma série de justificativas, deduções e teorizações na esperança de justificar suas ações, pensamentos ou sentimentos, que na verdade passam a ser somente uma defesa, pois estão a serviço de evitar a confusão. É uma defesa comparável aos processos mentais dos quadros Depressivos.*

Os mecanismos de vicariância vão se estruturar nos modelos sadios que são o do urinador e o do ingeridor. Como já dito, a vicariância vai ter a função de aliviar a tensão intranúcleo e, por segunda intenção, auxiliar o modelo poroso. Portanto, a vicariância vai auxiliar os mecanismos de criação, elaboração, expressão e comunicação de conteúdos internos para o meio externo.

A vicariância do defecador no urinador se identifica por um quadro *semelhante à hipomania*, em que o indivíduo fica eufórico, agitado, fazendo muitas coisas ao mesmo tempo ou grandes planejamentos e, no falar, é um falar também eufórico (trocadilhos, piadas) mas todo este comportamento é carregado de ansiedade e sempre está passando uma mensagem determinada mas não claramente explicitada para as pessoas.

A vicariância no modelo do ingeridor pode ser do *tipo sugador* ou do *tipo mordedor*. Em ambas as situações o comportamento e a mensagem explícitas são de receber, mas a intenção implícita é de auxílio ao defecador, portanto, de exteriorização de conteúdos internos. A vicariância do tipo sugador é caracterizada por mensagens e comportamentos baseados na carência e na queixa, ao passo que a do tipo mordedor é baseada na ironia e sarcasmo.

A zona de PCI vai envolver o *Modelo de Defecador* e este vai ser chamado de modelo poroso conforme a terminologia já estabelecida. Vai intervir diretamente nos *mecanismos de Criatividade, Elaboração, Expressividade e Comunicabilidade dos conteúdos internos para o meio externo.* Podendo abranger um ou mais dos itens mencionados. Ex.: vamos encontrar indivíduos que não conseguim criar seus próprios conteúdos, precisando elaborar, expressar e comunicar conteúdos de outros ou então adquiridos (leituras, idéias, conceitos etc.); pode não ter elaboração, resultando em indivíduos que criam, expressam e comunicam a sua criação sem a devida elaboração; dificuldade na expressão vai ocasionar o indivíduo que cria, elabora e comunica mas sem o colorido da expressão corporal, tom de voz etc. As dificuldades na comunicação estão presentes no indivíduo que não consegue passar a mensagem, embora crie, elabore e se expresse. Podem haver dificuldades em mais de um dos itens ocasionando diversas combinações.

Um bloqueio mais severo a nível do modelo do defecador pode fazer com que o indivíduo acabe por se utilizar do *papel psicossomático* do defecador ao invés do modelo. Passa, portanto, a utilizar-se das funções excretivas concretas (diarréias, gases, cólicas) em substituição às funções excretivas psicológicas de criar, elaborar, expressar e comunicar conteúdos internos para o meio externo.

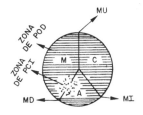

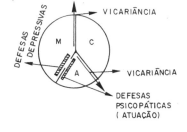

1. Permanência de zona de PCI devido à má estruturação do modelo de defecador.
2. Área corpo bem delimitada. O sentir é a parte mais saudável.
3. Confusão entre o pensar (área mente) e o perceber (área ambiente).
4. Alteração nos processos de criação-elaboração-expressão e comunicação.

1. Mecanismos intrapsíquicos da patologia de defecador.

I-3.3 — *Psicopatologia do Urinador*

Na patologia do Urinador as zonas de psiquismo caótico e indiferenciado vão se localizar principalmente no papel e modelo do urinador, abrangendo as áreas mente (pensar) e corpo (sentir). Prejudicam com isto a identidade no tocante ao pensar e sentir, ficando a estruturação consciente da personalidade e da identidade mais bem-estruturada ao nível de área ambiente, isto é, a *percepção interna correta do ambiente externo*.

A má estruturação (porosidade) do modelo do urinador vai produzir alterações no mecanismo de *Planejamento, decisão e execução de atos no ambiente externo que gratifiquem desejos internos*. O bloqueio pode se dar no mecanismo como um todo em partes dele.

Lembram na psicopatologia clássica os quadros obsessivos e obsessivos compulsivos.

As zonas de PCI vão produzir uma confusão entre o pensar e o sentir ocasionando uma vivência de *o que eu sinto é o que eu penso e, o que eu penso eu passo a sentir*, independente de minha percepção estar ou não de acordo com esta vivência.

Para evitar estas confusões, o psiquismo lança mão de mecanismos reparatórios. O mecanismo reparatório originado em área mente é uma tentativa de conter a nível de pensamento a confusão entre o pensar e o sentir. São pensamentos repetitivos *e* constantes que podem claramente estar relacionados com o tema conflituoso ou não, pois o objetivo é impedir a confusão pensar-sentir. São considerados como Idéias Obsessivas (idéias, músicas, contas etc.). São idéias carregadas de angústia e fora do controle consciente do indivíduo.

O mecanismo reparatório da área corpo consiste em produzir uma ação qualquer que substitua a ação verdadeiramente desejada, podendo esta ação estar ou não claramente relacionada com a ação desejada, pois, como já foi dito anteriormente, o objetivo é evitar a confusão sentir-pensar. São ações carregadas de angústia e fora do controle consciente do indivíduo. São chamadas de *Rituais compulsivos*.

As vicariâncias com as funções já descritas de diminuir a tensão intranúcleo e auxiliar o modelo poroso podem se instalar nos modelos de Defecador e Urinador.

Vicariância do Urinador no Modelo de Defecador. O indivíduo passa a criar, elaborar, expressar e comunicar conteúdos internos que, na verdade, seriam desejos de planejamento e execução e não de apenas comunicação. Com isto, eu falo em vez de planejar e fazer.

Vicariância do Urinador no Modelo Ingeridor. O indivíduo passa a incorporar (afeto, informação, conhecimentos etc.) se preparando para executar algo em vez de planejar e executar diretamente.

Outra possibilidade é utilizar-se do *papel psicossomático* de urinador ao invés do modelo psicológico de urinador. Utilizando-se do urinar, reter urina ou fezes (contração involuntária de esfíncteres estriados), masturbar-se, soltar urina (descontrole de esfíncteres estriados), contrações uretrais como correspondentes ao planejar, decidir, executar ações no ambiente externo que gratifiquem desejos internos.

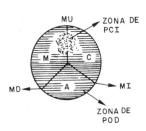
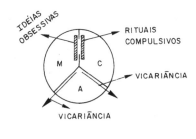

1. Permanência de zona de PCI devido à má estruturação do modelo de urinador.
2. Área ambiente bem delimitada. O perceber é a parte mais saudável.
3. Confusão entre o pensar (área mente) e o sentir (área corpo).
4. Alteração nos processos de planejamento-controle-decisão e execução de atos no ambiente externo.

1. Mecanismos intrapsíquicos da patologia de urinador.

39

CAPÍTULO II

Projeto de busca

Como já disse no capítulo I, todo indivíduo que tem falhas no seu desenvolvimento psicológico terá uma estrutura psíquica que obedece a seguinte configuração:

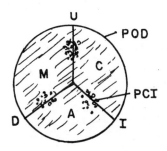

em maior ou menor grau terá zonas de psiquismo caótico e indiferenciado (PCI) e zonas de psiquismo organizado e diferenciado (POD).

Essas zonas de psiquismo caótico e indiferenciado, convivendo com zonas de psiquismo organizado e diferenciado, constituirão o que chamei, no capítulo anterior, de características gerais das patologias psicológicas, que são as seguintes:

1) Perda Parcial de Identidade;
2) Sensação Basal de Incompleto;
3) Sensação Basal de Insegurança;
4) Medo Basal.

Este indivíduo, nesta fase e a partir dessa estrutura psicológica, vai iniciar um processo de busca porque terá algo faltando em sua estrutura psicológica — e aqui vou iniciar a definição do conceito de mundo interno.

Mundo interno nada mais é do que todas as vivências registradas na estrutura psicológica do indivíduo.

Dentro do seu mundo interno, o indivíduo sentirá uma falta que vai ocasionar a necessidade de completar essa sensação de incompleto. Esse indivíduo, então, vai iniciar um processo de busca que, na verdade, teria que estar orientado a nível de complementar o seu mundo interno, mas que acaba orientado a nível do seu mundo externo, quer dizer, do ambiente que o rodeia.

O que esse indivíduo vai buscar? Buscará completar o seu desenvolvimento psicológico. Portanto, o intuito desse indivíduo, na verdade, iniciando esse processo de busca, nada mais é do que completar seu desenvolvimento psicológico e, com isso, não sofrer mais de uma perda parcial de identidade e, sim, ter uma identidade dele mesmo, uma identidade que venha de dentro para fora. Vai com isso poder deixar de sentir essa sensação basal de incompleto e ter o sensação de ser uno, de ser inteiro. Essa sensação de ter uma identidade completa e de ser inteiro, uno, identificado consigo mesmo, vai atuar diretamente na sensação basal de insegurança e na sensação basal de medo, de vez que ele passa a ser um indivíduo seguro, na·medida em que pode contar consigo mesmo, por inteiro; conseqüentemente, passa a não ter mais também a sensação basal de medo.

Fazendo uma ressalva, é claro que vai continuar a sentir insegurança ou medo, desde que as condições externas sejam propícias a isso; o que não sentirá mais é a insegurança e o medo baseados no seu mundo interno, não baseados na relação com seu mundo exterior.

Ex.: entrar em pânico frente a um leão é compatível com a ameaça real que ele representa. O pânico frente a uma barata é desproporcional à ameaça real que ela representa. Este medo só vai ser justificado por vivências registradas no mundo interno do indivíduo.

Processo de busca

Esse indivíduo, no processo de busca, vai começar a procurar no seu mundo externo uma complementação para aquilo .que sente faltar dentro de si mesmo. Freqüentemente, o indivíduo acaba por encontrar na própria vida situações que lhe permitem completar seu processo de desenvolvimento psicológico. Muitos indivíduos, porém, só bem mais velhos vão conseguir completar esse desenvolvimento psicológico. E uma grande maioria passa a vida toda com essa sensação de busca, sem conseguir completar o seu desenvolvimento psicológico. Isso decorre, principalmente, de o processo de busca na vida ter vários inconvenientes:

1) O indivíduo não sabe muito bem o que está procurando, não sabe muito bem o que busca; embora tenha a necessidade de buscar algo, não sabe muito bem o que está buscando nem onde buscar. Então, é uma busca bastante intuitiva.

2) Não é uma busca sistematizada. Freqüentemente, esse indivíduo não consegue uma sistematização na sua busca. Passa a ser uma busca aleatória, bastante dependente de situações que ocorram em sua vida, provocadas ou não por ele mesmo.

3) Tem pouco controle sobre as variáveis presentes nas situações de vida. Por exemplo, uma situação de catástrofe, mudança de cidade, encontro de uma namorada, encontro de determinado tipo de escola, faz com que de alguma maneira o indivíduo possa chegar mais perto do seu processo de busca. Mas ele não tem controle sobre essas variáveis, não pode produzi-las. Acaba, acidentalmente, encontrando essas variáveis ou não.

4) Não tem controle também sobre os seus comportamentos e sobre os comportamentos dos que o cercam. Dessa maneira, muitas vezes necessita de determinada situação para poder completar seu processo de busca, mas não consegue controlar seu comportamento para produzir essa situação nem ter um comportamento de fora que possa ajudá-lo a complementar essa situação.

Uma forma de acelerar esse processo de desenvolvimento psicológico é transformar o processo de busca:

1) numa busca mais sistematizada e organizada; '

2) que o indivíduo possa ter uma noção razoavelmente clara do que busca e de onde buscar;

3) que possa ter um grau maior ou menor de controle das variáveis nesse processo de busca;

4) se possível, que se possam produzir artificialmente situações necessárias para que esse processo de busca termine.

A qualquer evento que produza essas quatro características, vou chamar de *processo acelerador do desenvolvimento psicológico*.

Muitas vezes, esse processo acelerador nada mais é do que uma conversa com um amigo, uma viagem, um encontro de jovens, uma excursão ou qualquer tipo de relacionamento, um emprego etc. Mas, o processo acelerador do desenvolvimento psicológico mais eficiente conhecido até o momento chama-se Psicoterapia, que é dirigida e orientada por um profissional treinado para essa tarefa, chamado psicoterapeuta.

Acomodamento e estabilização psicológica

O indivíduo já descrito tem zonas de psiquismo caótico e indiferenciado (PCI) convivendo com zonas de psiquismo organizado e diferenciado (POD). Tem, portanto, as características gerais de patologia psicológica e terá instalado dentro de si um processo de busca. Obviamente, esse indivíduo não pode viver assim, porque estaria o tempo todo tendo perdas parciais de identidade e todas as suas conseqüências. Então, ele trata de desenvolver alguns mecanismos de defesa para que possa se estabilizar psicologicamente. Com isso, muitas vezes, acaba caindo numa fase de acomodação psíquica onde a necessidade da busca diminui e o indivíduo se estabiliza psicologicamente.

O que é fase de *acomodamento psíquico?* A fase de acomodamento psíquico compreende três itens:

1) Uma *estruturação de mecanismos reparatórios* dentro da estrutura psicológica. Esses mecanismos reparatórios — como já dito no capítulo anterior — vão ser os responsáveis pelas características neuróticas do indivíduo. São os mecanismos reparatórios de conversão, fobias, psicopatias, depressões, idéias obsessivas e rituais compulsivos. A função dos mecanismos reparatórios é impedir que o indivíduo entre em contato com suas zonas de psiquismo caótico e indiferenciado. Isso traz uma vantagem e uma desvantagem. A vantagem é que o indivíduo consegue estabilizar sua estrutura psicológica, não sentindo as perdas parciais de identidade correspondentes à entrada nas zonas de psiquismo caótico e indiferenciado. A desvantagem é que essa mesma estrutura impede que o indivíduo encontre as suas zonas de psiquismo caótico e indiferenciado, que são fundamentais para que ele consiga chegar ao término do seu processo de busca, isto é, desbloquear a falha do desenvolvimento psicológico. Ex. 1: ao se aproximar de emoção ou percepção ligada à zona de PCI um ingeridor pode ter uma *conversão* ou uma *fobia*. Não entra na confusão do PCI pois a atenção é desviada para a conversão ou para a fobia. Permanece em fase de acomodação mas não retoma o processo de busca para o amadurecimento psicológico.

2) O desenvolvimento exagerado (supervalorização) de suas zonas de psiquismo organizado e diferenciado, tentando com isso complementar, (por um aumento no seu psiquismo organizado e diferenciado) a falha do seu desenvolvimento psicológico, causando processos de explicação parcial, de percepção ou de emoção que acabam por dificultar muitas vezes a entrada nas zonas de psiquismo caótico e indiferenciado. Na verdade, o que acontece aqui

43

é que o indivíduo tenta explicar dentro do seu psiquismo organizado e diferenciado toda a sua estrutura psíquica, o que não é posível, visto que uma parte da sua estrutura psíquica ficou nas zonas de psiquismo caótico e indiferenciado. Acaba por produzir uma exacerbação na função do seu psiquismo organizado e diferenciado. Ex. 2: um indivíduo defecador pode supervalorizar o sentir e com isto, tentar explicar (mente) e perceber (ambiente) o mundo por este senitr o que o torna limitado e incompleto.

3) Criação de vínculos compensatórios. Chamam-se vínculos compensatórios uma série de vínculos que o indivíduo vai criando na sua vida que, de alguma maneira, o ajudam a estabilizar-se, apesar da sua falha de desenvolvimento psicológico. Esses vínculos compensatórios podem ser o casamento, uma amizade, um emprego, um relacionamento com a cidade, rotinas dos vínculos que de alguma maneira ajudam esse indivíduo a ter uma noção, embora externa, da sua própria identidade. Freqüentemente, vemos indivíduos em que parte da sua identidade está na sua origem, no seu sentimento, no seu referencial profissional, no seu referencial político. Então, ele passa a usar determinados vínculos compensatórios como parte da sua identidade, na verdade. Por exemplo, um time de futebol. Ser corintiano passa a ser, de repente, uma identidade e não apenas o participante da torcida de um time. Então, diz-se que o indivíduo com mecanismos reparatórios oriundos da estrutura intrapsíquica, com exarcebação do psiquismo organizado e diferenciado e uma série de vínculos compensatórios, entra numa fase de acomodamento, isto é, consegue uma estabilidade psicológica, onde consegue produzir e levar sua vida.

Isso não o impede de continuar sentindo a necessidade de busca porque, na verdade, todos esses componentes não foram suficientes para tirar a sensação de perda parcial de identidade, sensação de incompleto, de insegurança e de medo, presentes nesse indivíduo, pois apenas diminuíram a sua intensidade.

Em resumo, o indivíduo que apresenta zonas de PCI convivendo com zonas de POD passa a sentir uma:

1) perda parcial de identidade
2) sensação basal de incompleto
3) sensação basal de insegurança
4) sensação basal de medo

Estas quatro sensações se traduzem numa necessidade de *BUSCA* para complementar sua identidade e se sentir interno. O processo de busca vai produzir, entre outras coisas, uma sensação de *ANGÚSTIA*.

Ao não conseguir complementar seu desenvolvimento psicológico o indivíduo passa a tentar procurar na vida a solução desta angústia.

Para conseguir se estruturar ele vai lançar mão de forma intuitiva e pouco consciente de:

1) Estabelecer mecanismos intrapsíquicos para se defender das vivências de caótico e indiferenciado, a que damos o nome de mecanismos reparatórios.

2) Exacerbar as funções de suas zonas de POD, cristalizando assim um conceito de si mesmo e, portanto, uma identidade que por ser incompleta, pois não inclui as zonas de PCI, acaba por não ser totalmente convincente. Ex.: um ingeridor pode tentar justificar determinada situação ou comportamento com o *EXPLICAR* (mente) quando em tal situação o comportamento só se justifica plenamente pelo *SENTIR* (corpo). Portanto, a identidade neste caso ao ser baseado em *MENTE* (POD para os ingeridores) vai ser uma identidade pouco convicente, pois, sua real compreensão está em área *CORPO* (PCI para os ingeridores).

3) Estabelecer vínculos compensatórios com pessoas, animais, coisas, situações, filosofias, religiões etc. que de alguma forma lhe assegurem uma identidade que embora não seja a sua verdadeira passa por lhe produzir uma sensação de existir mais palpável. Os vínculos compensatórios têm uma finalidade bastante grande pois permitem, freqüentemente, que o indivíduo se organize e se estruture na vida. Por outro lado, o indivíduo fica preso ao vínculo compensatório pois depende dele para ter sua identidade mais completa.

Ao conseguir estruturar estes três mecanismos básicos o indivíduo vai entrar numa fase que chamo de *FASE DE ACOMODAÇÃO* onde as características básicas de psicopatologia psíquica vão estar parcialmente compensadas, o *processo de busca* bastante diminuído e, portanto, a *angústia* advinda dele também. É uma fase de acomodação e estabilização psicológica.

Desestabilização psicológica

O indivíduo até agora descrito tem as características gerais de patologia psíquica. Está também numa fase de acomodamento psicológico. Portanto, vai ter uma sensação da necessidade de busca bastante diminuída, pois ela está compensada. Essa necessidade de busca, de completar seu desenvolvimento psicológico vai ser acirrada novamente caso ocorra algum fator que desestabilize essa fase de acomodamento. Os fatores mais comumente encontrados como desestabilizadores da fase de acomodamento podem atuar sobre:

1) Mecanismos reparatórios. Situações que o indivíduo acaba por viver, acidentalmente — vestibular, mudança de *status* (casamento, separação), situação de emergência, tragédia etc. — podem causar um verdadeiro aumento da tensão intrapsíquica ou tensão intranúcleo. Esse aumento da tensão leva o indivíduo fatalmente a entrar em contato com suas zonas de psiquismo caótico e indiferenciado. Para evitar isso, a estrutura psicológica vai produzir um acirramento dos mecanismos reparatórios. Caso esse acirramento consiga deter a tensão intranúcleo, o indivíduo será caracterizado como neurótico, numa linguagem de psicopatologia clássica. Pode acionar mecanismos reparatórios de *conversão*, com quadros histéricos de *fobias*, com quadros fóbicos de *psicopatias*, trazendo à tona as psicopatias, de *depressão* (depressivos); de idéias obsessivas e rituais compulsivos, com neuroses obsessivas e compulsivas. Nesses casos, diz-se que o indivíduo entrou em surto neurótico quando, no meu entender, apenas entrou em contato maior ou menor, forçado por circunstâncias independentes da sua vontade, com zonas de psiquismo caótico e indiferenciado, controladas até então pelos mecanismos compensatórios.

2) Maior conscientização do POD. Nessa situação, o indivíduo, por aumento de vivência, aumento de conhecimento, começa a se dar conta, no seu referencial de identidade conhecida, de vários comportamentos e várias sensações suas que estão fora do controle da sua vontade; e, com essa conscientização, da sua falta de identidade, da sua insegurança, do seu medo e da sua sensação de incompleto. A partir daí, pode observar uma insatisfação consigo mesmo e a necessidade, agora consciente, de reativar o processo de busca. O indivíduo conscientiza-se dos seus poucos recursos psicológicos, freqüentemente, por comparação com outros indivíduos, com comportamentos em situações de competição etc.

3) Atuação nos vínculos compensatórios. O rompimento ou a ameaça de rompimento de um ou mais vínculos compensatórios (separação, morte, mudança de cidade, de emprego etc.) pode fazer com que o indivíduo entre em pânico. Esse pânico, resultado também de uma tensão intranúcleo não suficientemente forte para mobilizar os mecanismos reparatórios, seria de perder um pouco a sensação de estabilidade e um ponto de referência de identidade. É o que leigamente se chama de uma crise.

Qualquer desses fatores, ou a combinação de vários deles, produzirá uma urgente necessidade de reativação do processo de busca no indivíduo. E ele vai tentar procurar, então, algum tipo de processo acelerador do desenvolvimento psicológico. Nesse ponto, o indivíduo procura algum tipo de ajuda no seu mundo externo que possa, de alguma maneira, fazê-lo voltar a uma fase de acomodamento ou então a começar a procurar realmente as suas falhas de desenvolvimento psicológico. Essa procura de um processo acelerador do desenvolvimento psicológico levará esse indivíduo a processos já conhecidos, do tipo religião, algum tipo de aglomerado, às vezes partidos políticos, ativismo, enfim, qualquer tipo de entidade que lhe dê algum rótulo, que possa substituir sua falha de identidade momentânea. Algumas vezes esse indivíduo procura um processo de psicoterapia, onde, ao invés de um projeto de identidade, vai iniciar um processo sistematizado de busca dos bloqueios do seu desenvolvimento psicológico. É uma tentativa de completar, então, esse desenvolvimento psicológico.

Procura de psicoterapia

Uma vez que esse indivíduo entrou numa fase de desestabilização da fase de acomodamento, vai procurar um processo de Psicoterapia. Para que o indivíduo possa procurar um psicoterapeuta, de forma eficiente, precisa ter assimilado dois conceitos:

1) que tenha algum tipo de problema na esfera psicológica;

2) que não é capaz de resolvê-lo sozinho.

Digo isso porque, freqüentemente, os indivíduos vêm para o processo de Psicoterapia negando formalmente a existência de algum tipo de problema psicológico. Ou então, não aceitando a possibilidade de que não consigam resolvê-lo sozinho. Exemplos: "Vim para a terapia porque minha mãe mandou". "Essa úlcera que tenho é orgânica, mas o médico disse que tenho *stress*." "Eu vim aqui bater um papo, mas sei quais são meus problemas."

Obviamente, o indivíduo pode iniciar um processo formal de Psicoterapia apesar de não ter aceito os dois quesitos anteriores. Mas o processo eficiente de pesquisa sistematizada dos seus bloqueios e falhas no desenvolvimento psicológico só vai se desenvolver à medida que aceitar que existe uma falha no seu desenvolvimento psicológico, isto é, que tem um problema psicológico e que necessita da ajuda de alguém para resolvê-lo. Feito isso, o candidato a cliente estará apto a iniciar um processo acelerador do desenvolvimento psicológico do tipo Psicoterapia.

CAPÍTULO III

Psicoterapia

Resumindo o capítulo anterior, a patologia mental do indivíduo vai estar relacionada com as zonas de psiquismo caótico e indiferenciado que durante seu desenvolvimento psicológico vão permanecer convivendo com as zonas de psiquismo organizado e diferenciado. As zonas de psiquismo caótico e indiferenciado estão diretamente relacionadas a uma falta de clima específico durante o desenvolvimento do indivíduo. Esse clima específico nada mais é do que um clima da sua matriz de identidade, que na época do desenvolvimento não foi propício a que esse indivíduo pudesse vivenciar e estruturar necessidades básicas nas suas relações com o mundo externo.

Um dos fatores principais das falhas e distúrbios do desenvolvimento psicológico é o clima indesejável. Chamo de clima indesejável ao que não oferece condições mínimas para o amadurecimento de um indivíduo. Entende-se como condições mínimas a aceitação, proteção e continência, sobre o que falarei adiante. Exemplo: um pai muito severo e crítico vai criar um clima de medo e acusação em sua casa; com isso pode inibir em seu filho uma sensação de tolerância para seus eventuais fracassos impedindo, desta forma, que essa criança possa, por tentativa e erro, ir amadurecendo. Uma mãe superprotetora pode criar um clima de excessiva indulgência, onde essa criança não se sinta estimulada a tentar executar suas próprias vivências. Enfim, cada família (cada matriz de identidade) terá um clima específico.

Em geral, os climas cobertos de hostilidade, censura, gozação, acusação, tristeza, não serão adequados às experiências que a criança necessita para preencher convivências adequadas e necessidades psicológicas. O não preenchimento dessas vivências acaba por acarretar distúrbios a nível de modelo ingeridor, defecador e urinador, resultando nas já mencionadas zonas de psiquismo caótico e indiferenciado.

48

No decorrer da vida, esse indivíduo com suas zonas de psiquismo caótico e indiferenciado vai impulsionar, por sua necessidade de busca, estabelecer o que chamei, no capítulo anterior, de estado de acomodamento, com a conseqüente estabilidade emocional e a diminuição do processo de busca. A desestabilização, pelos motivos já mencionados, vai ocasionar a procura da Psicoterapia.

A Psicoterapia nada mais é do que uma relação entre o terapeuta e o cliente, ou o terapeuta, o cliente e outros clientes (grupo), que vai sistematizar e orientar um processo de busca, promovendo o desbloqueio e a aceleração do desenvolvimento psicológico. Para que isso aconteça, é necessário que se estabeleçam dois níveis fundamentais nessa relação. O primeiro é um tipo de clima que favoreça o crescimento do indivíduo. O segundo, uma pesquisa orientada e sistematizada, para a identificação, vivência e integração das vivências registradas nas zonas de psiquismo caótico e indiferenciado.

É o estabelecimento de um clima propício ao crescimento do indivíduo, clima esse que, necessariamente, faltou durante o desenvolvimento psicológico do cliente. O clima terapêutico é um clima em que existe aceitação, proteção e continência, e vai atuar como uma rede de sustentação para que seja feita a pesquisa das zonas de psiquismo caótico e indiferenciado. Essa rede de sustentação é imprescindível para a pesquisa das zonas de psiquismo caótico e indiferenciado, pois a vivência do PCI ocasiona sempre um pânico, precedendo a sensação de estranheza e perda de identidade característica da zona de psiquismo caótico e indiferenciado.

Pesquisa intrapsíquica do psiquismo caótico e indiferenciado

Essa pesquisa compreende desde a fase de acomodamento, ou a fase de acomodamento agora desestabilizada, até a identificação, vivência e integração do psiquismo caótico e indiferenciado (catarse de integração). Durante essa pesquisa, encontra-se uma série de dificuldades, que são os mecanismos reparatórios da estrutura psicológica, os conceitos de identidade parciais, formulados pela parte sadia do indivíduo (POD) e os vínculos compensatórios que, em maior ou menor grau, essa pessoa estabilizou até o momento. A intervenção da psicoterapia nesses três itens vai ocasionar uma forte modificação nos conceitos de identidade desse indivíduo, fazendo com que tenha que reformular uma série de conceitos sobre si mesmo, sobre seus valores, sobre os valores dos que o cercam e sobre os vínculos do seu átomo social.

Essas mudanças, obviamente, vão ocasionar violenta instabilidade que, em parte, será superada primeiro por novas vivências; segundo, pela rede de sustentação criada na terapia, pelo clima terapêutico, até que o indivíduo possa, finalmente, se reorganizar e não necessitar mais desse suporte adicional, entrando na fase de sintonia entre si mesmo e o ambiente externo, agora com seu processo psicológico devidamente desbloqueado e atualizado.

Clima terapêutico

É uma relação interpessoal que fornece elementos básicos para o crescimento e o amadurecimento psicológico do indivíduo, durante o processo terapêutico. É composto de aceitação, proteção e continência.

Aceitação. É uma tarefa muito difícil para o terapeuta aceitar seu cliente. Pode parecer um contra-senso essa frase, mas é o que vejo acontecer. É muito fácil aceitar um cliente nas suas qualidades, mas é muito difícil aceitá-lo na sua mesquinharia, invejas, ciúmes, raiva, preguiça, ritmo de vida, egoísmo, interesses, desonestidade etc. A tendência do terapeuta menos avisado nessas situações é ficar chocado ou mesmo não conseguir aceitar no outro essa vivência, rompendo nesse momento o estabelecimento do clima terapêutico. Essa aceitação só se vai tornando possível na medida em que o terapeuta possa aceitar profundamente essas mesmas situações em si mesmo, nos que o cercam e fazem parte da sua vida mais íntima e, finalmente, no ser humano. É um aprendizado penoso a que o terapeuta acaba por se submeter, que é o de perder as ilusões a respeito do ser humano e conseguir achar belo e também respeitar esse mesmo ser humano, apesar de enxergá-lo com suas qualidades e defeitos. Essa fase é extremamente difícil no desenvolvimento do papel de terapeuta, pois destrói, às vezes prematuramente, as ilusões adolescentes sobre a condição humana, fazendo com que muitas vezes o terapeuta possa se desesperar profundamente, até chegar a odiar o ser humano, para depois aceitar e não mais falar de aceitação em relação a si mesmo, aos que o cercam e ao ser humano, seu cliente.

Proteção. O clima de proteção do terapeuta em relação a seu cliente está relacionado ao grau de aceitação de que esse terapeuta é capaz. Quando falo em proteção, não estou falando obviamente em proteger o cliente das vicissitudes da vida nem das suas experiências. Mas, sim, protegê-lo de um julgamento moral, principalmente sobre suas partes culturalmente tidas como negativas. Normalmente, esse cliente já é suficientemente importunado com o julgamento moral, social e cultural a que é submetido em relação às suas partes humanas menos compreendidas, tais como inveja, ciúme, mesquinharia, ódios etc. É muito comum o terapeuta também se chocar com esses fatores,

50

moral e culturalmente tidos como negativos, que surgem obrigatoriamente durante o processo terapêutico e nesse momento retirar, mesmo que de forma imperceptível e não-explicitada, o seu afeto e a sua estima pelo cliente, rompendo dessa forma a rede de sustentação da relação terapêutica, isto é, o clima terapêutico, deixando seu cliente nesse momento sozinho e desprotegido nessa viagem de reconscientização da sua própria identidade.

Na verdade, é fundamental poder proteger o cliente do nosso julgamento moral, do julgamento moral dele (superego) e do julgamento moral e social, ajudando-o a desenvolver uma nova compreensão de si mesmo, baseada na aceitação dos seus próprios impulsos e desejos, para com isso encontrar um julgamento mais baseado nessa autocompreensão e nesses valores advindos dessa mesma compreensão. Muitas vezes, o processo de psicoterapia entra em conflito aberto com a moral social, pois existem inúmeras situações em que a saúde psicológica se contrapõe à adequação moral. Com isso, não estou pregando que o indivíduo se torne inadequado a nível social mas que possa, a nível de mundo interno e dentro do seu privado, aceitar uma série de emoções, pensamentos e percepções que existem e fazem parte do ser humano, independente das proibições culturais e sociais da sociedade em que vive.

Continência. Além da capacidade de aceitação e de proteção ao cliente, é fundamental que o terapeuta tenha também uma capacidade de continência. Continência, como o nome diz, é a capacidade de conter dentro de sua estrutura psicológica, em determinados momentos da terapia, a estrutura psicológica do seu cliente. O mais amedrontador para o cliente em psicoterapia é entrar em contato com suas zonas de psiquismo caótico e indiferenciado, pois nesse momento ele fica desprovido dos referenciais de identidade conhecidos e organizados por ele (POD), entrando em contato com uma parte que, embora sentida, é desconhecida e parcialmente descontrolada. São momentos de pânico para o cliente e seu único referencial confiável nesse momento é o psicoterapeuta, que consegue, a custo de sua própria estrutura psicológica organizada e de uma identidade mais firmemente estabelecida, conter (agüentar) esse pânico e ajudá-lo a encontrar uma saída, que nada mais é do que superar a vivência do caótico e indiferenciado ao mesmo tempo que orienta a sua organização.

A capacidade de continência de um terapeuta está diretamente relacionada a três características profundamente interligadas:

a) *Vivência pessoal do terapeuta.* O fato de já ter passado por situações complexas, vivido tensões e conhecido o posicionamento e o comportamento humano faz com que o terapeuta tenha uma certa intimidade com várias emoções e sensações decorrentes dessa experiência. Há muitas experiências que só são passíveis de serem entendidas quando vivenciadas na prática, tais como vivências sexuais, paternidade, maternidade etc. Um terapeuta pouco vivido vai ter maior dificuldade na compreensão intuitiva do ser humano que é o seu próprio cliente. Essa característica freqüentemente, como professor, identifico nos alunos. Os mais vivenciados, que tiveram mais dificuldades, ou mais experiências de vida, têm menos medo de entrar em contato com as intimidades dos clientes e, portanto, se desenvolvem na profissão de maneira mais rápida. Isso explica um pouco o fato de os médicos se estabelecerem mais rapidamente do que os psicólogos como terapeutas, pois embora os psicólogos tenham um curso muito mais aprofundado em conhecimento teórico do que o dos médicos, esses últimos adquirem num nível de vivência muito profundo durante o curso de Medicina, com contato com a morte, desespero, impotência e outras vivências humanas. A vivência pessoal do terapeuta, quando bem--elaborada e livre de muitos encargos neuróticos, vai estar relacionada a um alto grau de bom-senso, fundamental em determinados momentos da relação terapeuta-cliente e da vida em geral.

b) *Grau de saúde do terapeuta.* É fundamental o terapeuta ter completado ou estar próximo a completar o seu desenvolvimento psicológico. Em outras palavras, ter se submetido ou estar se submetendo a um processo de psicoterapia, pois apesar de ser uma pessoa vivida e experimentada, é fundamental que essa vivência tenha sido conscientizada, elaborada e verbalizada. Só assim essa vivência vai sair do aspecto intuitivo para poder ser repassada e utilizada de forma terapêutica em relação a seu cliente. Por exemplo, um terapeuta só vai conseguir tratar da inveja ou do núcleo de inveja de seu cliente na medida em que já vivenciou, conscientizou, elaborou e verbalizou o seu próprio núcleo de inveja; do contrário, pode até detectar essa inveja mas não tem suficiente intimidade para ter continência a ela.

Em resumo, o terapeuta pode, em linguagem psicodramática, inverter o papel com seu cliente, isto é, à medida que ele enxerga corretamente a si mesmo, também pode enxergar corretamente o outro.

c) *Conhecimento teórico.* É fundamental que o terapeuta tenha um conhecimento teórico a respeito do desenvolvimento psicológico, independente da linha ou da escola de psicoterapia a ser tomada como modelo. Esse conhecimento teórico, estruturado no desenvolvimento psicológico do ser humano e seus principais mecanismos de defesa, vai permitir que o terapeuta não se perca dentro da estrutura psicológica do cliente. Nesta fase de entrada nas zonas de psiquismo caótico e indiferenciado, o cliente entra em pânico; esse pânico é contido pela estrutura psicológica do terapeuta. Para que o terapeuta contenha esse pânico é suficiente que ele tenha uma boa vivência e, ao mesmo tempo, tenha atingido um alto grau de desenvolvimento psicológico. Mas não é suficiente para uma boa contenção, pois não é suficiente conter o pânico do cliente. É necessário também vislumbrar uma saída para esse pânico. Nesse momento, o terapeuta também entra em pânico, ele tem apenas uma capacidade maior de transformar esse pânico e é o conhecimento teórico que vai permitir que o terapeuta rapidamente se localize e vislumbre que tipo de estruturas podem estar ocasionando isso, ou podem estar encobertas dentro dessas zonas de psiquismo caótico e indiferenciado.

Outro fator importante é que o terapeuta tenha um conhecimento teórico das estruturas psicológicas para que assim possa dar o devido valor e o devido dimensionamento a esse pânico. Exemplo: um cliente que entra numa fase de caótico e indiferenciado e passa a sofrer uma alucinação. Se o terapeuta tiver só um alto grau de vivência e boa saúde mental conseguirá não entrar em pânico junto com o cliente, portanto, conter esse pânico. Mas se ele tiver também um conhecimento teórico, poderá perceber que isso é uma emergência de tu simbólico projetado fora do cliente e que uma inversão de papel pode resolver a situação.

É também baseado no conhecimento teórico que o terapeuta pode diferenciar um sintoma referente aos mecanismos reparatórios dos sintomas das estruturas fundamentais do psiquismo caótico e indiferenciado. É o que pode possibilitar uma diferenciação entre conversão, fobia, psicopatia, depressão, idéia obsessiva e rituais compulsivos das estruturas mais arcaicas, de pânico, impulsos e sensações de estranheza das zonas de psiquismo caótico e indiferenciado.

Um terapeuta com muito conhecimento teórico e falhas em seu desenvolvimento psicológico e no seu grau de vivência (bom-senso), pode identificar corretamente uma situação psicoterapêutica mas não tem a segurança nem a intimidade com a sensação em questão para tratar seu cliente. Portanto, não tem continência.

Algo semelhante ocorre com um terapeuta com grande vivência e amadurecimento psíquico mas com pouca instrução teórica. Terá segurança e intimidade com os problemas mas não terá definição para orientar o seu cliente, caindo freqüentemente no "compartilhar", isto é, compartilhar sua experiência com o cliente sem conseguir, entretanto, orientá-lo para o término do seu desenvolvimento. Um terapeuta com desenvolvimento psicológico incompleto não teria condições de conscientizar e elaborar a vivência com seu cliente, correndo o risco de se tornar explicativo e teórico nas suas intervenções.

Como vimos, quanto maior a harmonia e o desenvolvimento entre a vivência prática (bom-senso), o desenvolvimento psicológico (saúde mental) e o preparo teórico do terapeuta maior será sua capacidade de continência. Resumindo, o terapeuta que conseguiu um alto grau de aceitação, de proteção e continência em relação a seu cliente vai estar apto a estabelecer o clima terapêutico na sua relação.

CAPÍTULO IV

Início da psicoterapia

O início da Psicoterapia compreende, até mesmo, o momento em que o indivíduo decide procurar um terapeuta. A decisão de procurar um terapeuta está ligada, obviamente, ao indivíduo ter algum conhecimento, ou conhecer alguém que saiba alguma coisa sobre o que é psicoterapia. E, segundo, estar passando por uma desestabilização de sua fase de acomodamento. Divido o início do processo formal de psicoterapia em três itens:

a) primeiro contato;

b) entrevista inicial;

c) contrato.

a) *Primeiro contato*

Chamo de primeiro contato todo o processo que se estabelece quando o cliente toma a decisão de procurar um psicoterapeuta. Este primeiro contato, na verdade, pode ser simplesmente para marcar uma hora num consultório de psicoterapia. Mas, de início, o cliente passa a fazer uma retrospectiva dos seus problemas e de todo o seu processo de busca. É um período de intensa mobilização emocional, em que o cliente acaba por entrar em contato com sua fantasia e com sua realidade de vida. Muitas vezes nesse período ainda não se conhece o terapeuta ou o conhecimento é de ouvir falar, foi visto algumas vezes; em geral é por intermédio de alguém que se chega ao terapeuta. Nesta fase, é muito comum o indivíduo fantasiar não só com a figura do terapeuta como com o tipo de tratamento. É também uma fase em que o futuro cliente tenta organizar sua história para passá-la ao terapeuta e, com isso, reorganiza intuitivamente os resultados e caminhos que seu processo de busca produziu até aquele

55

momento. É geralmente um período de reflexão, em que o cliente tenta entrar em contato consigo mesmo, carregado de ansiedade mas também de esperança.

b) *Entrevista inicial*

Chamo de entrevista inicial um período que pode ser de várias entrevistas, onde se procura estabelecer uma relação entre cliente e terapeuta. Relação essa que vai compreender uma série de características formais para o desenvolvimento do processo psicoterapêutico. Entre essas características, quero destacar a formação de um clima especial a que dou o nome de clima terapêutico. O clima terapêutico é um tipo de clima que se estabelece numa relação entre duas ou mais pessoas em que existia uma possibilidade de crescimento das partes bloqueadas do desenvolvimento psicológico desse cliente.

b1) *Coleta de informações.* O cliente, na entrevista inicial, tem uma história para contar. Essa história é a sua história e vai ser contada com os dados que ele, cliente, achar importante. Não devemos nunca nos esquecer de que a terapia é do cliente e o desenvolvimento psicológico também. Se o cliente selecionou esses dados para contar é porque ele os acha relevantes, mesmo que não sejam os que gostaríamos de ouvir. Faço aqui um lembrete ao terapeuta de que a sua função é de avaliar os dados e ajudar o cliente a trazê-los da forma mais completa possível, não fazer o que erroneamente se aprende, que é o interrogatório baseado e centrado na necessidade de conhecimento do terapeuta. Por exemplo, se eu perguntar a um cliente casado pelos seus filhos e a idade deles e o cliente me responder sem grande dificuldade, eu estarei de posse de uma série de informações que não tem nenhum valor psicológico. Essa mesma informação terá alguma valia se, por exemplo, esse cliente omitir na sua história a informação sobre seus filhos, não se recordar a idade deles, ou chorar ao trazê-los espontaneamente à entrevista, pois essas informações têm algum conteúdo afetivo que pode estar ligado ao desenvolvimento psíquico do cliente.

Essa atitude não quer dizer que o terapeuta deva ficar passivo e não perguntar; pelo contrário, o terapeuta deve perguntar e muito, o que não deve é interrogar. Perguntar é fundamental e importante, mas que se pergunte sempre dentro do assunto que o cliente está trazendo, funcionando como elemento facilitador para que ele se descontraia, se desiniba, para assim desenvolver a sua história, que muitas vezes nem ele, cliente, sabe muito bem qual é, mas que com o clima terapêutico adequado e intervenção dentro do assunto consegue contar. Portanto, na coleta de informação é fundamental a forma não-invasiva, fazendo com que o cliente, primeiro, se ponha à vontade, relaxado, sem a obrigação de falar, podendo tolerar até seu próprio silêncio, pois a informação que o terapeuta necessita não são dados sobre a vida do cliente, que poderia ser contada pelo correio. Mas, sim, os dados onde hajam cargas emocionais significativas de algum tipo de angústia, que serão, como veremos posteriormente, as portas de entrada para pesquisa no mundo interior do cliente.

Na entrevista inicial o cliente tem uma história para contar. Cabe ao terapeuta deixá-lo suficientemente à vontade para que consiga contá-la, não tentando induzi-lo a contar ou então puxar por ela.

b2) *Parte didática*. Durante a fase de entrevista inicial é muito freqüente o cliente necessitar de informações sobre o que é psicoterapia, da formação do seu terapeuta, dos procedimentos, tempo de duração etc. É fundamental que o terapeuta forneça todas as informações inclusive sobre a origem e o desenvolvimento dos problemas psíquicos, se assim for solicitado, numa linguagem compatível ao entendimento de um cliente leigo. Essa atitude ajuda a estabelecer uma relação de franqueza e também desmistifica um pouco as fantasias eventuais dos clientes a respeito do processo de psicoterapia, muitas vezes encarada mais como magia do que realmente como procedimento científico. Deve-se ter sempre em mente que o cliente não tem a menor obrigação de saber o que é psicoterapia, nem de confiar num terapeuta que nunca viu. O terapeuta é quem tem a obrigação de informá-lo e ganhar a sua confiança com sua franqueza, boas intenções e capacidade profissional. Faço essa ressalva pois é muito freqüente os clientes fazerem perguntas extremamente vulgares e ingênuas a respeito da terapia tais como: "O que o senhor sacha que eu devo fazer?" "O que quer dizer eu ter raiva da minha mãe?" "Por que meu marido não fala comigo?" "Quanto tempo demora?" e outras coisas. Essas perguntas na fase de entrevista inicial geralmente demonstram falta de conhecimento do processo e devem ser respondidas com base nesse processo e não interpretadas como má vontade ou manipulação do cliente. É óbvio que esse procedimento seria diferente se o processo terapêutico já estivesse em pleno andamento.

b3) *Retorno ao cliente*. Faz parte da entrevista inicial um primeiro retorno do terapeuta ao cliente. O mais adequado é dar uma visão global do que o terapeuta entendeu do exposto pelo cliente. Costumo fazer uma avaliação das minhas percepções, sensações e possíveis explicações sobre o exposto e focalizar os pontos de conflito que são perceptíveis. Essa avaliação, feita a título de hipótese, fornece um retorno ao cliente do enfoque de uma outra pessoa sobre ele. Levanta pontos para o autoquestionamento e possibilita ao cliente verificar o quanto consegue ser compreendido e entendido pelo terapeuta. Caso o cliente aceite essa primeira e global intervenção, se sinta compreendido, posso interpretar isso como uma autorização implícita de que esse cliente me dá poder para entrar em sua privacidade sem a estar invadindo. Essa é a postura que passarei a adotar daí para a frente. Caso essa primeira hipótese não seja aceita, seja recusada pelo cliente, ainda não me sinto autorizado a entrar em sua privacidade e tentarei, outras vezes, reavaliar e decodificar melhor minhas sensações, percepções e entendimentos sobre aquele cliente. Não se pode começar uma psicoterapia sem que essa autorização implícita de entrar na privacidade do cliente seja dada. Ela é dada geralmente pela aceitação plena de algum tipo de intervenção.

Considero essa autorização implícita o fim do período de entrevista inicial e o início da pesquisa sobre o mundo interno do cliente.

c) *Contrato*

Deve ser combinado ao final do período da entrevista inicial. Se houver várias sessões de entrevista inicial, estas devem ser marcadas data-a-data. O contrato implica em uma combinação de alguns elementos básicos para que o processo terapêutico se desenvolva e compõe-se, basicamente, dos horários, da freqüência, do local das sessões, do tipo de sessão (individual e/ou grupal) e honorários. Costumo deixar sempre em abetro a discussão de outras situações que porventura ocorram, como por exemplo: faltas, viagens, férias, doenças, encontros fora, comportamento etc., pois julgo que são mais ricas se discutidas no momento em que ocorrem, em vez de na tentativa de preveni-las. Assumo ainda a postura de que meu cliente é inocente até que se prove culpado. Exemplo: assumo que ele não vai faltar e só discuto com ele depois que elas acontecem. Ou, assumo que ele não tem intenção de chegar atrasado ou de boicotar as sessões; ter comportamento invasivo em relação a minha pessoa até que isso ocorra. Isso não significa ingenuidade por parte do terapeuta, pois este tem condições de prever, com alguma segurança, que determinado tipo de personalidade vai fazer, mais cedo ou mais tarde, essas mesmas coisas que acabo de mencionar. Mas, simplesmente, não se deve assumir uma postura preventiva, pois poderia ser uma postura acusatória, dificultando o estabelecimento do clima terapêutico. Embora pareça simples, o contrato é um dos momentos mais complexos da terapia. Um contrato mal-estabelecido pode atrasar ou atrapalhar a terapia por muitos meses. O fundamental no contrato não são as combinações, pois estas são relativamente simples; o importante é que é no contrato fique identificado e estabelecido o tipo de relação entre o cliente e o terapeuta. A psicoterapia é uma relação de trabalho em que existe uma remuneração em dinheiro e/ou aprendizado para o terapeuta. É uma relação do tipo complementar em que o terapeuta ocupa posição superior. É uma ilusão pensar que a relação psicoterapêutica é igualitária, pois terapeuta e cliente ocupam papéis diferentes. O terapeuta é um profissional orientado no processo de sistematizar, acelerar e orientar o processo de busca dos bloqueios do desenvolvimento psicológico de seu cliente.

Durante a terapia muitos afetos do cliente e do terapeuta são mobilizados, discutidos e elaborados e é freqüente ocorrer distorções ou tentativas de distorções dessa relação. Lembro aqui que o cliente tem todo o direito de fazer isso pois ele está se tratando. Mas, o terapeuta, caso perceba esse envolvimento e não consiga controlá-lo, deve procurar tratamento e/ou supervisão, pois ele está trabalhando.

Dentro desse enfoque, cabe ao terapeuta oferecer suas opções de horário, tipo de tratamento, freqüência das sessões, definição de horário. É óbvio que, como em qualquer relação profissional, o cliente pode contra-argumentar e chegar a um acordo ou não. O que não se deve nunca é deixar por conta do cliente a solução de assuntos como horários, honorários, local e tempo de tratamento, pois essas atribuições são específicas do terapeuta.

Em resumo, chamo de entrevista inicial uma ou mais sessões, onde a postura do terapeuta deve estar centrada na efetivação do vínculo terapeuta-cliente, com seu objetivo principal. Para que essa vinculação ocorra é mister que se estabeleça o clima terapêutico no tocante à história trazida pelo cliente, o contrato e a relação proposta pelo terapeuta. Findo esse período, que está marcado pela aceitação, pelo cliente, das primeiras intervenções do terapeuta, está apto a iniciar a terapia propriamente dita, isto é, vai começar a orientar, sistematizar e acelerar o processo de busca dos bloqueios de desenvolvimento psicológico do cliente.

CAPÍTULO V

Pesquisa intrapsíquica em psicodrama

Os processos psicoterapêuticos vão variar em suas formas e posturas, dependendo da linha de formação teórica do terapeuta. Ofereço neste trabalho a postura e a prática psicodramática, que é a minha formação básica.

No início da psicoterapia, há um cliente que:

1) tem uma falha no seu desenvolvimento psicológico, com todas as dificuldades que isso acarreta;

2) já estruturou vários tipos de mecanismos compensatórios, contra a confusão e angústia, isto é, já teve uma fase de acomodamento que está estável ou desestabilizada;

3) tem um processo de busca intuitivo já iniciado e, dependendo da situação, até já bastante adiantado;

4) tem a consciência e a aceitação de que tem um problema e não consegue resolvê-lo sozinho;

5) já foi estruturado um início de clima terapêutico na relação terapeuta-cliente;

6) já existe um contrato organizado da relação e uma autorização implícita para que o terapeuta penetre na intimidade do cliente.

Estando esses itens preenchidos, só resta ao terapeuta iniciar a pesquisa sistemática e organizada do material — relatos, situações de vida, desejos, comportamentos, impedimentos, fatos, sonhos etc. — que o cliente trouxe para dentro dessa relação. A pergunta mais importante é como fazer isso e por onde começar. A resposta é simples e única: pela angústia.

Angústia é um sintoma emergente de todas as situações conflitivas do psiquismo do indivíduo e é a porta de entrada para pesquisar falhas e bloqueios do desenvolvimento psicológico.

Para facilidade didática, vou dividir esse capítulo em três etapas:

1) forma de aparecimento da angústia;

2) tipos de angústia;

3) postura do terapeuta frente à angústia.

1) *Forma de aparecimento da angústia*

A angústia está sempre presente no indivíduo como bloqueios e falhas no seu desenvolvimento psicológico. Aparece como sintoma. É freqüente o aparecimento da angústia como *sintoma físico*, uma somatização. Pode estar somatizada numa úlcera, numa retocolite, numa psoríase, numa alergia, numa asma, numa cefaléia etc. Esse tipo de angústia é mais difícil de ser mobilizado pois, freqüentemente, a ligação entre o foco desencadeador da angústia e o sintoma estabelecido está bastante encoberta. Pode aparecer também como sintoma menos estruturado como dor no peito, forte opressão, sensação de sufoco, sintomas mais ocasionais e ligados diretamente à fonte desencadeante.

— *Junto a mecanismos reparatórios*: a angústia pode estar presente junto à mobilização dos mecanismos reparatórios. Está presente nas conversões, nas fobias, nas condutas psicopáticas, nas depressões, junto às idéias obsessivas e a rituais compulsivos. É uma angústia facilmente perceptível, que pode estar mais aparente no caso das conversões, das idéias obsessivas, ou mais escondida, como nas fobias, nas condutas psicopáticas. Esse tipo de angústia é mais facilmente conectado com as fontes desencadeantes.

— *Relato*: pode aparecer nas sessões psicoterapêuticas simplesmente como relato de uma situação onde houve angústia, mas não estar presente no momento da sessão. Esse relato, freqüentemente, à medida que está sendo feito, pode servir de porta de entrada para retomar essa angústia. Deixo claro que pode ser de situação vivida, imaginada, lida, sonhada, devaneada, fantasiada, de filmes, ocorrida com o cliente ou com outras pessoas que, de alguma forma, têm algum tipo de relação com o cliente.

— *Junto a afetos*: é freqüente o aparecimento da angústia junto à expressão de afetos. Por exemplo: posso ter uma tristeza que em vez de ser só triste, é triste e angustiada. Posso encontrar uma alegria, que ao mesmo tempo em que é alegria vem canalizada com uma certa angústia. Isso possibilita um tratamento diferencial em relação a esses afetos, pois a expressão somente de um afeto é um significado sadio, não apresentando nenhum indício de conflito patológico. Ao passo que a expressão de um afeto junto com angústia possibilita que se identifique um conflito patológico atrelado a esse afeto.

2) *Tipos de angústia*

Vou falar sobre três tipos básicos de angústia, com os quais se entra em contato durante a psicoterapia:

1) angústia existencial;
2) angústia patológica;
3) angústia circunstancial.

1) *Angústia existencial*

Comparo a vida a uma festa, na qual o indivíduo entra depois de começada e já sabe que vai ter que sair antes de terminar. Dessa maneira, ele terá um certo espaço de tempo para se organizar e vivenciar essa dita festa. Na verdade, ao nascer, o indivíduo tem um espaço de tempo na vida. Durante esse espaço de tempo, antes de morrer, é inerente ao ser humano uma certa organização daquilo que vai fazer ou como direcionar esse tempo. Chamo essa organização de projeto de vida.

Projeto de vida nada mais é do que uma necessidade inerente ao indivíduo de se posicionar, organizar e direcionar sua vida, dentro desse espaço maior que é a existência do ser humano.

Obviamente, o projeto de vida vai estar ligado a uma série enorme de variáveis. Na sua estruturação, vai estar ligado basicamente à matriz de identidade, às expectativas que os pais e parentes tenham desse indivíduo, às suas próprias definições a respeito de si mesmo e dos outros, às oportunidades e acidentes que encontrará pela vida. Esse projeto de vida não é estático e, sim, dinâmico; pode ser modificado ou alterado a qualquer momento, conforme as circunstâncias e oportunidades. O que é, na verdade, *inerente ao ser humano é a necessidade de se ter um projeto de vida.*

Chamo de angústia existencial a angústia inerente ao ser humano, que é diretamente responsável pela necessidade de se estruturar um projeto de vida. Dentro da angústia existencial há uma primeira angústia, a biológica, que está diretamente relacionada à sua sobrevivência física, isto é, alimentação e proteção física. Satisfeita essa primeira, emerge uma segunda necessidade que pode ser descrita pelo seguinte enunciado: "Já que estou vivo, alimentado e protegido, o que vou fazer com a minha vida?" Chamo a isso de angústia existencial propriamente dita.

Desde tempos imemoriais, o ser humano se preocupa com o destino e a organização da sua vida; essa preocupação está diretamente relacionada com o surgimento das religiões, pois coube, e cabe ainda, às religiões, nas suas mais diversas facetas, dar respostas a essa angústia existencial, formulando diretrizes básicas do projeto de vida de um determinado indivíduo, numa determinada época, numa determinada cultura.

Com a diminuição da influência da religião na última metade do século, os indivíduos passaram a tomar em suas próprias mãos a responsabilidade das diretrizes maiores de seu projeto de vida.

Durante o processo psicoterapêutico, freqüentemente, o indivíduo, na medida em que entra em contato com suas zonas de psiquismo caótico e indiferenciado, sofre reformulações no seu conceito de. identidade, na sua escala de valores sociais. As reformulações no conceito de identidade vão agir diretamente modificando seu projeto de vida; às vezes, apenas redirecionando e reformulando, às vezes, de maneira profunda, alterando completamente esse projeto de vida. Toda vez que se mexe no projeto de vida por processo psicoterapêutico ou não, se está atuando e mobilizando uma angústia do tipo existencial, pois cabe a um projeto de vida bem-estruturado manter baixa ou quase nula a angústia existencial.

O projeto de vida é o principal responsável pela estruturação e diluição da angústia existencial. Quanto mais abalado ou menos estruturado estiver o projeto de vida, maior será a intensidade da angústia existencial.

2) *Angústia patológica*

Para definir o que é angústia patológica, é preciso lançar mão de dois conceitos fundamentais: o de mundo interno e o de mundo externo. Como já visto, durante o desenvolvimento psicológico, o indivíduo vai estabelecer uma série de relações de suas sensações cenestésicas com as vivências oriundas da sua relação com os acontecimentos (climas) do mundo exterior. Em cima dessas sensações de vivências somáticas é que são estruturadas as primeiras vivências psicológicas, até que se desvinculam a psicológica da somática, permanecendo sempre presente uma vinculação, que já chamei de

63

psicossomática. As vivências nessa fase são incorporadas e registradas a nível somático, cenestésico e também a nível de memória. Quer dizer, o indivíduo sente suas vivências e também pode lembrar-se delas. A esse registro das vivências, vou chamar de mundo interno.

O mundo interno da criança vai registrar uma série de vivências que vão servir como modelos de sua estrutura básica de personalidade que, como já visto, está terminada em sua base estrutural aos quatro anos de idade. Depois disso, esse mundo interno passa a ser enriquecido por uma série de outras vivências que vão sofrer uma segunda reformulação durante o período da adolescência, conforme descrito por Tiba. Durante a infância, esse mundo interno é bastante claro e perceptível: quando se observa uma criança brincando, vê-se que ela fala com companheiros imaginários, brinca com eles e os identifica fortemente no meio exterior. Fantasia e realidade se confundem e se misturam até que, com o desenvolvimento e o amadurecimento, a brecha entre a fantasia e a realidade, que Moreno tão bem descreve, começa a ser identificada separando, de um lado, o que é fantasia, vivência interna e mundo interno e, de outro lado, o que é realidade, mundo externo, vivência exterior, permanecendo sempre uma inter-relação entre ambos.

Portanto, o mundo interno está povoado de modelos oriundos da primeira infância, que vão servir como substrato basal que, enriquecido com as vivências próprias, vão estruturando a identidade desse indivíduo.

A inter-relação entre os modelos de mundo interno vai ocasionar um clima que vou chamar de clima interno. Clima interno é um clima que o indivíduo tem dentro de si mesmo, independendo da sua relação com o mundo exterior e é dado diretamente pela coerência e bom relacionamento entre os seus modelos de mundo interno. Portanto, o indivíduo que tenha graves contradições entre seus modelos de mundo interno vai ter um clima interno tumultuado, carregado de medo, insatisfação, angústia etc. O indivíduo que tenha seus modelos internalizados de forma coerente e integrada vai se sentir uno, identificado, tranqüilo. Quando se fala da relação do indivíduo com seu mundo exterior, na verdade, se está falando da convivência e relacionamento de dois mundos: o mundo interno relacionado com o mundo externo, com o indivíduo podendo fazer uma mediação entre esses dois mundos.

As contradições na incorporação de modelos e climas que são originalmente advindos do mundo exterior vão ocasionar a incorporação desse mundo externo dentro do indivíduo, formando, junto com as suas sensações cenestésicas, o seu mundo interno.

Se esse mundo interno é coerente e integrado, esse indivíduo vai ter uma boa estruturação dos modelos de ingeridor, defecador e urinador. Na medida em que esse mundo interno é mal-estruturado, incoerente, carregado de climas insatisfatórios (climas de hostilidade, de simulação, ódios, medos etc.), os modelos de ingeridor, defecador e urinador vão ser mal-estruturados, ocasionando as já mencionadas zonas de psiquismo caótico e indiferenciado com as suas conseqüências na identidade, na sensação de completo, de insegurança e de medo.

Da contradição do mundo interno surge um conflito a nível de mundo interno que vai, obviamente, se exteriorizar no relacionamento desse indivíduo com o mundo exterior. Mas, quero deixar claro que o foco gerador desse tipo de conflito e, portanto, desse tipo de angústia está no mundo interno, por mais que esteja projetado ou exteriorizado no mundo exterior. Chamo esse tipo de angústia de angústia patológica.

A angústia patológica é sempre proporcional às vivências a nível de mundo interno. E desproporcional e incompreensível para um observador externo e para o próprio indivíduo, quando confrontado com a realidade externa. Por exemplo, a angústia que determinados indivíduos podem ter frente a uma barata. É um tipo de angústia bastante desproporcional à relação indivíduo-barata, mas esse terror e essa angústia são proporcionais, embora muitas vezes incompreensíveis e não identificados à vivência no mundo interno. Esse é um tipo de angústia nitidamente patológica.

3) Angústia circunstancial

A angústia circunstancial é oriunda da relação objetiva do indivíduo com seu mundo exterior. São situações pelas quais o indivíduo passa, onde sua segurança ou integridade física e/ou psíquica são ameaçadas de forma objetiva. Por exemplo: perda de emprego, doença de um filho, instabilidade política, violência contra si ou contra os seus etc. São angústias geralmente passageiras, proporcionais e diretamente relacionadas a situações objetivas, ocorridas no mundo exterior. É óbvio que, ao descrever esses tipos de angústia, estou fazendo uma concessão didática pois, na verdade, elas se misturam e muitas vezes são de difícil identificação. É muito difícil identificar uma angústia que seja só existencial, só circunstancial ou só patológica. Elas aparecem junto mas a solução para cada uma difere qualitativamente.

A angústia existencial tende a diminuir quando canalizada por atitudes, posturas, crenças relacionadas à existência daquele indivíduo, naquela sociedade, naquele momento de tempo e cultura, isto é, ela se canaliza para um projeto de vida.

A angústia circunstancial vai ser diminuída conforme diminui a ameaça e conforme o indivíduo tome as necessárias medidas para se proteger ou controlar essa mesma ameaça.

A angústia patológica vai diminuir na medida em que se conscientizar, verbalizar, elaborar e integrar as situações de mundo interno geradoras da angústia. Embora essas soluções sejam bastante diferentes, o cliente não sabe disso e, freqüentemente, não sabe distinguir uma da outra. Mas é fundamental que o terapeuta saiba para não causar os tipos de danos de que falarei a seguir.

Fases da terapia psicodramática

Postura do terapeuta frente à angústia do cliente

Como já foi dito, a partir do momento em que se identifica uma angústia, seja por sintoma, relato, mecanismo reparatório ou mistura de afetos, é preciso fazer uma nova triagem e identificar com que tipo de angústia se depara. Essa triagem é bastante complicada e freqüentemente impossível. Contudo, uma vez estabelecida a postura frente aos diferentes tipos de angústia, pode-se, com freqüência, hierarquizar as principais formas de angústia presentes no momento.

Angústia existencial. O terapeuta, como ser humano que é, também está sujeito à angústia existencial. Ele também tem seus sonhos, suas fantasias, seus objetivos, sua consciência social, dúvidas, enfim, ele também tem um projeto de vida. Frente à angústia existencial do seu cliente, o máximo que pode fazer é *compartilhar* dela, já que não tem o poder de resolvê-la. Eu compartilho com muitos clientes a insatisfação de ter que morrer, de ser tão pequeno diante da imensidão do Cosmos, diante da impotência com o mais forte e, principalmente, diante do medo de ter que modificar um projeto de vida já estabelecido, com todas as conseqüências que isso traz.

Embora o processo psicoterapêutico possa, muitas vezes, desencadear a angústia existencial e o terapeuta possa compartilhar com o indivíduo essa vivência, a solução para essa angústia não está dentro do processo pisoterapêutico. Essa é uma angústia que tem que ser resolvida na vida, nas ações, nas posturas desse indivíduo no seu mundo exterior. O terapeuta pode, por sua maior experiência de vida e maior capacidade de informação, clarear e ajudar seu cliente a canalizá-la para uma reformulação do seu projeto de vida. Muitas vezes, em atitudes de vida, num partido político, em movimentos religiosos, assistenciais, associações, mudança de emprego, reestruturação de relações afetivas, pode-se tentar uma reorganização do projeto de vida dando vazão à angústia existencial.

Angústia circunstancial. Embora o terapeuta também sofra de angústia circunstancial, não é sua função compartilhá-la com seu cliente. É com sua formação técnica e continência psíquica que ele pode ajudar o seu cliente a manejar de forma mais eficiente essa situação geradora da angústia. Faz parte do processo psicoterapêutico uma melhor avaliação da situação de ameaça, uma avaliação melhor dos riscos, apontamento e clareamento dos pontos mais escondidos, identificação das intenções, conscientização da necessidade de proteção e dos riscos das ações, da elaboração do medo etc., com o objetivo de ultrapassar essa fase de ameaça e, com isso, dissolver a angústia circunstancial por ela desencadeada.

Angústia patológica. A angústia patológica do terapeuta é geralmente menor do que a dos seus clientes, pelo fato de o terapeuta estar com seu processo de desenvolvimento psicológico mais adiantado ou finalizado. Isso quer dizer que as contradições dos modelos de mundo interno do terapeuta estão mais identificadas, elaboradas e integradas dentro da sua estrutura psíquica consciente, isto é, sua identidade está mais estabelecida.

Frente à angústia patológica, o terapeuta não deve nem compartilhar nem orientar mas, sim, tratar.

A situação de angústia patológica é da esfera do mundo interno e é lá que tem que chegar para poder identificar e desbloquear os correspondentes distúrbios geradores dessa angústia.

É muito freqüente que os terapeutas, às vezes por despreparo técnico, por falta de saúde psicológica e alguns até por opção (antiético), acabem tendo posturas diferentes frente a esses diferentes tipos de angústia. Essas posturas são freqüentemente danosas e, ao invés de acelerar o desenvolvimento psicológico do cliente, passam a bloqueá-lo ou até direcioná-lo para outros caminhos que não aqueles do próprio cliente. Por exemplo:

a) O terapeuta *trata* da angústia existencial e/ou circunstancial como se fosse uma angústia patológica. Portanto, tenta identificar a nível de mundo interno angústias que são ou inerentes ao indivíduo, ligadas a seu projeto de vida, ou desencadeadas objetivamente por circunstâncias externas. Nessa situação, o terapeuta acaba por tentar vincular essas angústias com o mundo interno do cliente. São terapias que entram freqüentemente numa fase de explicação sobre explicação, ou de interpretação sobre interpretação, mas que não produzem as necessárias mudanças no mundo externo do cliente e tendem a se prolongar além do necessário. Em vez de acelerarem o processo de amadurecimento psíquico passam, portanto, a tamponá-lo pois desviam para o mundo interno atitudes que deveriam ser tomadas a nível de mundo externo. Em nome, muitas vezes, de impedir atuações do cliente, essa postura freqüentemente impede ações substanciais no seu mundo exterior, para que ele possa realmente modificar seu comportamento e seu projeto de vida. Desta forma, levam o indivíduo não mais a acelerar seu processo de busca mas, sim, a uma nova fase de acomodamento, da qual a terapia começa a fazer parte. São determinados tipos de terapia nas quais o indivíduo acaba por se tornar dependente delas para poder estruturar uma fase de acomodamento.

b) O terapeuta compartilha e orienta a angústia patológica como se fosse existencial ou circunstancial. Ocorre aqui um processo inverso do anterior, pois uma angústia nitidamente originária do mundo interno passa a ser tratada como se fosse intrínseca ou originária do mundo exterior. Com esse compartilhar e orientar, o terapeuta muitas vezes coloca para o seu cliente o seu modelo de vida, a sua verdade, a sua solução, impedindo que o cliente continue a procurar pela sua própria verdade ou solução. Com isso ocorre que o cliente, impulsionado pela sua necessidade de identidade e impressionado com o poder e importância do terapeuta, acaba por assumir uma pseudo-identidade (apoiada na indentidade do terapeuta), não buscando mais a sua própria identidade. Desta forma, o terapeuta acaba por tamponar e impedir o aceleramento do desenvolvimento psicológico do seu cliente. São clientes que passam a atuar na vida com contradições do mundo interno como se fossem contradições sociais. Passam a instrumentar na relação com o mundo externo uma angústia patológica. Abandonam precocemente o processo terapêutico com a falsa idéia de saúde ou com uma resignação de que essa angústia "é assim mesmo e só me resta suportá-la". É freqüente nesse tipo de situação ocorrerem atuações na tentativa de copiar modelos, principalmente o modelo do terapeuta.

Voltando ao "por onde iniciar uma psicoterapia? Já temos a resposta: pela angústia". Na medida em que o terapeuta identifica a angústia em seu cliente, isso vai ser a porta de entrada para a pesquisa psicoterapêutica. Como já vimos as várias formas de angústia e também as diversas condutas, vou falar a partir de agora sobre a angústia patológica que pode estar só ou, muito freqüentemente, misturada com a existencial ou circunstancial.

Uma vez detectada a angústia, há dois caminhos a seguir. Pode-se trabalhar de forma horizontal ou de forma vertical.

Trabalho de forma horizontal

O trabalho de forma horizontal é um tipo de dramatização ou simplesmente verbalização em que se visa a descarga de afetos, intenções, pensamentos ou percepções, enfim, conteúdos de mundo interno carregados com algum tipo de tensão para o meio exterior. Esse tipo de trabalho pode ser de pequena profundidade, isto é, trabalho na superfície da estrutura psíquica, até de grande profundidade, como a catarse de integração, onde se exterioriza a profundidade da estrutura psicológica. No trabalho horizontal, dependendo da habilidade do terapeuta e do ego auxiliar, se vai conseguir detectar qual a origem da tensão intranúcleo. Por exemplo: uma tensão intranúcleo derivada de zonas de caótico e indiferenciado ligada ao modelo de ingeridor vai necessitar, para sua diluição, da entrada de algum conteúdo externo para o meio interno. Uma tensão a nível de modelo de defecador vai originar a exteriorização de algum tipo de conteúdo interno (emoções, pensamentos ou percepções) para o mundo externo. E uma tensão a nível de modelo de urinador vai necessitar para sua diluição do planejamento e execução, ou ambos, de algum tipo de ação no mundo externo que gratifique desejos internos. Essa descarga tensional no trabalho horizontal vai se dar principalmente devido ao trabalho e habilidade do ego auxiliar no nível de aquecimento, interpolações de resistência, espelhos, inversões etc.

Trabalho vertical

O trabalho vertical visa principalmente identificar e evidenciar os determinantes psíquicos que levaram a essa situação de tensão intranúcleo. É um trabalho em que não se procura a descarga da tensão intranúcleo. Mas, sim, a evidenciação de sua origem para, uma vez detectada, aí sim, conseguir uma descarga. O foco do trabalho vertical está centrado principalmente nos impedimentos. Diferente do horizontal que está centrado nos conteúdos e tenta, por meio das técnicas, ultrapassar os impedimentos. O trabalho vertical não tenta nunca ultrapassar os impedimentos, ele tenta, sim, seguir a origem dos impedimentos. Por exemplo: numa tensão intranúcleo relacionada ao modelo de ingeridor, obviamente, existe a falta de algum conteúdo a nível de mundo interno, que não pode ser incorporado. No trabalho vertical, a preocupação é com o que impede que esse conteúdo externo possa ser incorporado. Numa tensão intranúcleo relacionada ao modelo de defecador, o conteúdo interno não consegue se exteriorizar. O trabalho vertical vai se preocupar com o que impede essa exteriorização. O mesmo servindo para, no modelo de urinador, identificar os impedimentos a nível de planejamento ou de execução, ou ambos, em relação às ações no mundo externo para gratificar os desejos internos. Veremos, ainda, como se faz o trabalho vertical.

Portanto, uma vez detectada a angústia, pode-se trabalhar de forma horizontal ou vertical.

Angústia — Trabalho horizontal

Consiste basicamente em possibilitar ao cliente que desabafe essa angústia seja por meio de verbalização, choro, raiva, ação etc. No trabalho horizontal da angústia o terapeuta simplesmente possibilita um clima terapêutico com a sua conseqüente continência para que esse cliente possa exteriorizar e vivenciar a sua angústia com a máxima intensidade possível. O efeito terapêutico é mais catártico e possibilita a diminuição da tensão intranúcleo para posterior trabalho mais aprofundado.

Angústia — Trabalho vertical

No trabalho vertical a angústia está sempre relacionada com *uma situação de vida não-resolvida.* No trabalho vertical da angústia a preocupação não é com a descarga da angústia mas, sim, identificar qual a situação de vida não-resolvida que está imediatamente ligada ao desencadeamento dessa angústia. Essa situação de vida não-resolvida é a Cena ou Fase I da psicoterapia.

Situação de vida não-resolvida — Cena ou Fase I

É qualquer tipo de situação que, de alguma maneira, por não ter conseguido se resolver mantém uma grande tensão intranúcleo que não consegue ser exteriorizada. Portanto, gerando angústia. Vou tomar como exemplo uma situação hipotética. Carlos, cliente, chega na sessão extremamente angustiado e relata uma discussão com seu chefe Alberto. Uma vez detectada a angústia, e optando por um trabalho em forma vertical, vou recriar no contexto dramático (como se) uma cena para refazer a discussão entre Carlos e seu chefe Alberto, representado obviamente por um ego auxiliar. Posso trabalhar com essa cena também de duas formas: horizontal ou vertical. Antes do trabalho vou jogar a cena. Entendo por jogar uma cena fazer com que o cliente se aqueça e entre nos diversos papéis.

Existem três papéis clássicos em qualquer cena psicodramática:

Papel 1: é o próprio cliente; seria Carlos fazendo o papel de Carlos. Nesse papel, Carlos pode, num campo embora aquecido, bastante mais relaxado que o campo real (como é) se dar conta das suas sensações, afetos, pensamentos e percepções de forma mais completa, melhorando portanto seu entendimento de si mesmo.

Papel 2: Carlos no papel de Alberto. Carlos vai poder, no papel de Alberto, ter uma idéia de como é estar na posição de chefe frente a ele, Carlos, jogado nesse momento por um ego auxiliar, segundo modelo já fornecido pelo próprio Carlos. Nesse papel Carlos, ao vivenciar o que é uma posição de chefia, como se sente, pensa e percebe um chefe e principalmente o seu próprio chefe Alberto, pode ter uma visão mais distanciada de como age e reage ele próprio, Carlos.

Papel 3: é o papel de observador, que seria Carlos no papel de observador, vendo a discussão entre Carlos e seu chefe Alberto, jogado por dois egos auxiliares. Essa posição permite que Carlos, no seu papel de observador, possa ter uma distância da discussão entre ele e seu chefe e, com isso, uma visão mais geral podendo, dessa forma, melhorar muito sua percepção de si mesmo, de Alberto e principalmente da relação estabelecida entre ambos.

Chamo essas posições de posições clássicas de uma cena de psicodrama.

Uma vez jogada a Cena I nessas diferentes posições, esse trabalho pode adquirir simplesmente uma forma horizontal, que seria a de Carlos nessas diferentes posições, podendo sentir, perceber e explicar melhor toda essa relação e com isso diminuir a tensão intranúcleo, possibilitando também um melhor conhecimento de como funcionam suas partes psíquicas menos conhecidas. No trabalho vertical estarei preocupado principalmente com um momento específico dessa cena, que é o momento do titubeio.

Titubeio nada mais é do que o momento em que essa situação se torna uma situação de vida não-resolvida. É o momento em que, por algum tipo de sensação, Carlos deixa de participar algo, de explicitar, ou de fazer algo. É o momento em que se estabelece algum tipo de impedimento. Esse tipo de impedimento a nível de mundo interno de Carlos vai ser o responsável para que essa situação se transforme numa situação de vida não-resolvida. Nesse momento, cabe ao terapeuta paralisar a cena e *concretizar* esse impedimento.

Estarei entrando nesse momento na Cena II, que é uma cena representativa de um *conflito*, conflito esse que nada mais é do que algum tipo de força interna que é impedida por algum outro tipo também de força interna oposta. O conflito é pois uma situação de impasse entre forças internas contrárias que geram uma tensão intranúcleo. O conflito detectado geralmente está ligado a uma sensação (um aperto na garganta, uma névoa, desânimo, um gesto de tremor, uma paralisação etc.).

No exemplo, vamos supor que num dado momento da discussão entre Carlos e seu chefe, Carlos faz o gesto de falar mas não fala.

71

Nesse momento identifiquei um titubeio. Paraliso a cena e interrogo Carlos sobre o que está acontecendo. Resposta: "Tenho vontade de falar uma série de coisas para ele mas sinto um aperto na garganta". Esse aperto na garganta é um impedimento. Na montagem da Cena II vou colocar um ego auxiliar com a mão sobre a garganta de Carlos; desta forma estará concretizado esse conflito.

Situação de conflito — Cena ou Fase II

Nesse momento, ao concretizar uma situação de conflito, estabeleço uma diferenciação qualitativa da situação terapêutica. Até o momento em que estou simplesmente jogando a Cena I, de situação de vida não-resolvida, estou trabalhando num referencial dramático de mundo externo. No momento em que concretizo as forças internas e contrárias que agem sobre o cliente, dou entrada no seu mundo interno. A entrada no mundo interno significa um aprofundamento na estrutura psicológica do cliente em direção à pesquisa das suas zonas de psiquismo caótico e indiferenciado, pois nesse momento Carlos representa o papel da sua parte conhecida (POD) e o ego auxiliar representa a pressão na garganta, uma parte de Carlos sentida mas pouco conhecida e fora do controle da sua vontade, portanto PCI.

Vou jogar a Cena II dentro das posições clássicas já referidas, possibilitando com isso que Carlos possa, nesse campo mais relaxado, sentir, entender e explicar melhor esse tipo de titubeio. No decorrer da cena, vou tentar que se estabeleça algum tipo de *diálogo* entre Carlos e esse aperto na garganta. Na medida em que consigo que se estabeleça esse diálogo, estarei entrando numa Cena III, que é uma cena de divisões internas; isto é, Carlos dialogando com Carlos. À medida que esse diálogo não acontece, posso trabalhar apenas horizontalmente, melhorando o entendimento dessa situação ou possibilitando algum tipo de descarga física. Por exemplo, Carlos lutando para retirar a mão do ego auxiliar, o que simbolicamente seria retirar esse aperto da garganta. Essa cena teria apenas efeito catártico, possibilitando uma posterior entrada mais profunda na personalidade de Carlos. Uma vez conseguido o diálogo, vou ter uma divisão interna em que Carlos se vê a partir de determinado momento, discutindo e questionando a ele mesmo. Nesse momento começo a entrar na Cena ou Fase III da psicoterapia, que são as divisões internas.

Divisões internas — Cena ou Fase III

Quero esclarecer nessa altura que, quando falo em cenas, estou na realidade falando ou de momento numa dramatização ou de fases numa terapia; muitas vezes, uma situação de conflito ou de divisão interna ou mesmo de situação de vida não-resolvida, na medida em que não consegue ser verticalizada, é como se a terapia ficasse estacionada num nível de aprofundamento psicológico. Portanto, tende a se repetir numa situação de configuração semelhante durante determinado período, o qual chamo de fase da terapia.

A divisão interna é talvez a fase mais importante da terapia. Ela configura uma situação em que o cliente conversa, dialoga e, freqüentemente, entra em oposição em maior ou menor grau consigo mesmo. Dentro do exemplo, pode-se supor um diálogo de Carlos com o ego auxiliar também no papel de Carlos.

Carlos$_1$: "Não é justo o que Alberto está dizendo. Eu sempre fui um bom funcionário. Não está certo ele fazer esse tipo de injustiça comigo".

Carlos$_2$: "Não. Tenha calma! Ele é assim mesmo. Você precisa entender que esse é o jeito dele".

Nesse momento, tenho uma oposição dentro do mundo interno de Carlos. Aquilo que era no início apenas um aperto na garganta transformou-se, pela técnica psicodramática, numa argumentação aparentemente apaziguadora, funcionando como uma barreira à exteriorização de uma sensação verdadeira de Carlos. Nesse momento, tenho, no contexto dramático, Carlos debatendo com ele mesmo no papel de ego auxiliar. Quero esclarecer que ambos invertem papéis freqüentemente, podendo o ego auxiliar então ter a todo momento atualizado o modelo de Carlos. Esse debate de Carlos consigo mesmo é a nível de mundo interno, em voz alta, em público e com a anuência do terapeuta. Equivale dizer: uma pessoa falando consigo mesma, em voz alta e em público. Seguramente, se não fosse num terreno psicodramático, essa pessoa correria o risco de ser tomada por louca e até chamada a comparecer a um hospital psiquiátrico. Na verdade, as coisas no psicodrama não se passam de forma muito diferente a nível de sensação, pois a entrada nas divisões internas é um contato direto com a vivência da loucura pois, de repente, o cliente se vê envolvido num debate, numa oposição entre o que ele acredita que é (POD) e uma outra parte que ele tem dúvida do que é (PCI); portanto, seria um debate entre uma parte claramente identificada e uma parte mais intuída, que começa a tomar forma na medida em que as argumentações vão se tornando mais consistentes. Essa entrada no PCI começa a causar uma sensação de estranheza, pois inicia um processo de abalamento das estruturas tidas como referenciais de identidade conhecidos pelo próprio indivíduo. A maioria dos diálogos de divisões

73

internas pode ser sintetizada em alguns tópicos principais, quais sejam:

EU (POD) QUERO MAS EU (PCI) NÃO DEVO
EU (POD) QUERO MAS EU (PCI) NÃO CONSIGO
EU (POD) DEVO MAS EU (PCI) NÃO QUERO
EU (POD) DEVO MAS EU (PCI) NÃO CONSIGO
EU (POD) DEVO MAS EU (PCI) NÃO POSSO etc.

Nessa configuração pode-se identificar que no lugar de um EU identificado e uno, vamos ter dois tipos de EU não-identificados e mutuamente exclusivos. No jogar essa cena, o cliente vai ficando cada vez mais confuso e é comum o aparecimento dos mecanismos reparatórios. Esse aparecimento me dá a informação de que o cliente ainda não está preparado, nesse momento, para enfrentar mais profundamente suas zonas de psiquismo caótico e indiferenciado e, portanto, deve ser respeitado, nunca insistido mas sim trabalhado. O aparecimento das defesas me indica:

1) que estou no caminho certo, isto é, nessa pesquisa caminho diretamente para abordar o psiquismo caótico e indiferenciado;

2) o surgimento dos mecanismos reparatórios (defesa) ajuda a informar ao cliente que, na realidade, o mecanismo reparatório (conversão, fobia, psicopatia, depressão, idéias obsessivas e rituais compulsivos) são sintomas que impedem uma vivência caótica e confusa.

Esse conhecimento é de vital importância para que o cliente possa, de posse dessas informações, auxiliar na pesquisa do caótico e indiferenciado, pois é freqüente que o cliente ache que o sintoma é o seu verdadeiro mal.

Nessa fase, a dramatização das defesas é muito importante, pois é da compreensão da função das defesas que se terá as pistas e também a confiança do cliente para poder prosseguir adiante. É também nessa fase que se inicia um processo realmente eficiente de modificação da identidade até então aceita como completa ou suficiente.

Num trabalho horizontal da divisão interna, o cliente passaria por todos os papéis clássicos, isto é, inversões e o papel de observador, e a conscientização dessa configuração de mundo interno seria o suficiente. O trabalho vertical visaria a uma maior explicitação dessa divisão interna e levaria a uma caracterização das divisões internas que é a Cena IV. Pode-se identificar nesse momento que o papel do chefe Alberto ficou totalmente deslocado, apenas como pano de fundo, pois o verdadeiro conflito não é de Carlos com o chefe, como fazia prever a Cena I mais superficial, e sim um conflito interno entre uma parte de Carlos (POD) e uma outra parte de Carlos (PCI). Aquilo que era uma relação a nível exterior portanto, social e interpessoal, passa a ser uma relação a nível de mundo interno, portanto, intrapsíquica.

Caracterização das divisões internas — Cena ou Fase IV

A caracterização das divisões internas nada mais é do que, a partir da pesquisa da primeira divisão interna identificada, conseguir identificar todas as divisões presentes nesse cliente nesse momento. Por exemplo, posso chegar a esse tipo de configuração bastante comum em psicodrama.

Carlos$_1$ — Eu acho injusto o que ele está fazendo comigo; tenho vontade de dizer uma série de verdades para ele, pois sempre fui um bom funcionário.

Carlos$_2$ — (inicialmente um aperto na garganta) — Não, deixe para lá, ele é assim mesmo. Você precisa ser compreensivo e dar tempo. Continue a trabalhar que um dia ele vai reconhecer isso.

Carlos$_3$ — (surgido a partir de uma sensação de pressão nas costas) — Isto é um absurdo! Você é ou não é um homem? Fale para ele que não tem medo. Onde já se viu? Vamos, fale! Fale!

Carlos$_4$ — (surgido a partir de uma sensação de peso nos ombros) — Ai que cansaço, quero dormir, estou com muito sono.

Nesse momento, há quatro divisões internas a que Carlos está submetido. Uma que detecta uma injustiça, outra que tenta fazê-lo se conformar com essa injustiça: uma terceira que lhe cobra uma atitude e uma quarta, uma sensação de fugir de tudo isso. Nesse momento o cliente está totalmente confuso porque, de repente, ele não tem mais uma identidade mas um conjunto de forças com ordens contraditórias sobre o que fazer, como se comportar, o que pensar e o que sentir. É um dos momentos em que a vivência da loucura, portanto PCI, surge com bastante intensidade e o cliente tem a sensação de estar sem saída. Nesse momento, digo que estou com o mundo interno do cliente e com todas as suas relações contraditórias intrapsíquicas a céu aberto no contexto dramático. É como se tivesse nesse momento a cabeça do meu cliente aberta, como um livro, dentro do palco psicodramático. O trabalho horizontal novamente vai me dar a cons-

75

cientização dessa confusão de identidades e, como na cena anterior, vão surgir defesas intrapsíquicas. No trabalho vertical passo agora a pesquisar as semelhanças que porventura existam entre esses vários Eus e os diversos modelos de figuras do mundo interno. Por exemplo, Carlos no papel de observador vendo a ele, Carlos, sob o efeito de todas essas forças representadas por vários egos auxiliares.

Terapeuta — Carlos, olhe bem essa situação e veja se se lembra de alguma coisa.

Carlos — Essa voz que me diz "ele é assim e você deve se conformar" lembra muito a minha mãe.

Nesse momento consegui uma saída para a dificuldade de Carlos. Na verdade, o que consegui foi uma *identificação* de uma figura de mundo interno. Uma parte que Carlos considerava como sendo Eu passa a um Tu (mãe) internalizado dentro dele. Antes dessa fase de identificação das figuras de mundo interno e durante a fase das divisões internas muitas mudanças já ocorrem de maneira significativa na vida do cliente. É uma fase de muita ansiedade e medo com mudanças de valores em que é fundamental a continência do terapeuta, pois a continência do cliente está bastante questionada. São comuns interrupções prematuras ou mesmo abandono do processo terapêutico nessa fase.

Identificação das figuras de mundo interno — Cena ou Fase V

Nessa situação vamos ter uma identificação que pode ser de uma figura de mundo interno (mãe, pai, avós, irmãos, tios, professores, empregadas, religiosos), que fez parte da matriz de identidade desse cliente ou então de figuras do mundo atual tipo marido, filhos, conhecidos etc., onde estão projetadas características das figuras do mundo interno. Isto em linguagem psicanalítica se chama de transferência. Uma vez identificada uma figura de mundo interno ou a transferência de características dessa figura para outras no contexto atual, pode-se, num trabalho de forma horizontal, produzir uma catarse, isto é, uma catarse dos conteúdos reprimidos em direção a essa pessoa. Uma vez que o cliente identifica, por exemplo, a mãe num determinado ego auxiliar, suspendo todas as outras divisões internas e passo a trabalhar essa primeira relação agora entre o cliente Carlos e sua mãe internalizada.

Posso pedir então num trabalho horizontal um confronto entre Carlos (atual) e sua mãe internalizada, onde Carlos pode jogar todas as posições clássicas e com isso sentir, perceber, identificar, se exteriorizar mais na sua relação internalizada com a mãe. No caso em que a figura identificada não é de mundo interno mas, sim, a transferida com as características dessa, como por exemplo um marido, um filho, volto à situação da Cena I, isto é, uma situação de vida não-resolvida a tempo presente, portanto, saindo do mundo interno e voltando ao mundo externo do cliente, iniciando novamente o processo de desdobramentos até conseguir chegar realmente à figura de mundo interno. Isto é, tenho que refazer o trabalho até conseguir desvincular a pessoa de agora com a internalizada, isto é, trabalhando a transferência. No trabalho vertical, em vez de tentar uma descarga da tensão intranúcleo, vou pesquisar qual a situação que Carlos identifica com a situação presente no contexto dramático.

Terapeuta — Carlos, já que você identificou sua mãe e vivenciou um pouco o papel dela lhe falando, isso lembra alguma cena de sua vida?

Carlos — Lembra; lembra uma vez em que meu pai me deu uma bronca e ela ficou conversando comigo na sala, dizendo para eu ter calma e não brigar com ele. Eu tinha 12 anos.

Nesse momento ou fase da terapia, começo a entrar num novo estado qualitativo, carregado de forte emoção, de grande aquecimento, que é o mundo interno mas não mais o mundo interno no tempo presente e sim o mundo interno no tempo passado. Alteramos, graças ao contexto do "como se" uma dimensão de tempo e de espaço, entrando nesse momento para uma situação de vida não-resolvida com as figuras de mundo interno, que vai ser a Cena ou Fase VI.

Situação de vida não-resolvida com figura de mundo interno — Cena ou Fase VI

Como já foi dito, nessa fase é dado um salto qualitativo, que é a mudança de uma vivência de tempo presente para uma vivência de tempo passado. O aquecimento, que Moreno divide em inespecífico e específico, é o nome dado a um conjunto progressivo de modificações que o indivíduo passa a ter em determinadas circunstâncias e principalmente no desenvolvimento do processo de terapia, mais especificamente durante as dramatizações. Essas vivências vão produzindo num campo relaxado e, espontâneo, uma tensão progressiva e um estado reflexivo de grande intimidade consigo mesmo. Essa intimidade com as sensações internas vai fazendo com que o cliente se aperceba de sensações, emoções, percepções, gestos, imagens que, numa seqüência, vão se superpondo e se interligando e orientando a atenção do cliente e do terapeuta para a situação não-resolvida de vida, carregada de conteúdos afetivos. Freud chama essa seqüência interligada de determinantes psíquicos. Bermudez lançou o conceito de sombras, vivências que foram superpostas por outras vivências mas não apagadas que, nessa situação de aquecimento, voltam a ser prioritárias. Nesse processo de aquecimento o cliente começa não só a recordar fatos e situações mas principalmente a reviver situações já dadas por esquecidas. Essa revivência ocorre tanto a nível de fatos acontecidos como fantasiados, mas é principalmente a nível de sensação que se desenvolve. Na verdade, reviver a situação tal como ela foi internalizada e não como ela realmente aconteceu. Altera-se a dimensão de tempo e de espaço, passando a prevalecer as sensações de tempo e espaço internalizados sem, contudo, perder a noção do aqui e agora (tempo e espaço presente).

Por exemplo: Carlos, na dramatização, revive a cena com a mãe na sala onde viveu há 25 anos. Revive a cena, vê a mãe mais jovem, com roupas da época, sente-se pequeno, lembra-se dos cheiros e do clima da casa, muda seu tom de voz para uma voz mais de menino sem contudo perder a noção de que está no psicodrama e que continua a conversar e aceitar as direções do terapeuta. A esse estado de coisas e a esse nível de aquecimento chamo estar revivendo em tempo passado.

Quero esclarecer que na lembrança pura e simples dessa situação não-resolvida não se enquadra uma situação de vida não-resolvida com figura de mundo interno, pois não seria um reviver e sim um lembrar (memória evocativa de uma situação de vida não-resolvida) que se encaixaria na Cena I. Pois, embora ocorrida no passado está sendo lembrada a nível de presente e com as emoções do presente. Portanto, seria uma situação de vida não-resolvida com a mãe e não com a mãe internalizada. É freqüente nesse estado de aquecimento o cliente falar dialetos, gírias ou até línguas diferentes características da época vivida.

Jogando a Cena VI nos papéis clássicos, começo a identificar as verdadeiras vontades e desejos de Carlos, isto é, sua verdadeira identidade. Ao mesmo tempo, começo a identificar também os principais impedimentos ao preenchimento dessas necessidades. Esses impedimentos vão aparecendo na dramatização como modelos que foram sendo incorporados como figuras superegóicas. No exemplo, a Cena VI se desenvolve após uma bronca do pai que Carlos considerou como injusta, tendo o pai se trancado no escritório, examinando contas. Carlos num canto da sala chorando, inconformado com a mãe perto dele tentando acalmá-lo.

78

Carlos: Não é justo o que papai falou comigo. Eu vou lá xingar ele. Não está certo, eu não tenho culpa de a minha irmã ter saído sozinha, afinal, não sou responsável por ela.

Carlos no papel de mãe: Não, meu filho, você tem que compreender seu pai, ele é assim mesmo, estourado e explosivo. Daqui a pouco ele se acalma. Papai gosta muito de você.

Carlos no papel de pai: no escritório (dificuldade em assumir esse papel) não sabe muito bem o que o pai sente por ele. Consegue, depois de um pouco de insistência do terapeuta, reclamar: Ah, essas contas me matam. Nunca consigo adequar meu orçamento a esses gastos.

No trabalho horizontal posso tentar fazer, pelas técnicas psicodramáticas, com que Carlos consiga vencer a barreira imposta pela mãe, seu conformismo e enfrente esse pai para exteriorizar sua mágoa, sua raiva e sensação de injustiçado. Isto é, pôr para fora o conteúdo interno aparente nesse momento. Tem um valor terapêutico principalmente catártico, embora, dependendo da habilidade do ego auxiliar e do nível de aquecimento, esse enfrentamento pode, nessa altura, ser até resolutivo. Mas, para efeito didático, prefiro mostrar o exemplo até a chegada na zona de PCI.

No trabalho vertical começo agora a pesquisar todos os impedimentos presentes dentro de Carlos para poder fazer esse confronto com o pai. Nessa pesquisa começo a jogar a Cena VI até a Cena "N", que são cenas de identificação e desmobilização dos personagens incorporados como figuras superegóicas.

Identificação e desmobilização dos personagens incorporados como figuras superegóicas — Cena VI até Cena "N"

Nessa pesquisa vou possibilitar ao cliente que enfrente todos os impedimentos que vão aparecendo ao invés de tentar que ele descarregue o conteúdo interno (afeto) aparente em relação à figura internalizada, no exemplo, o pai. É comum começarem a aparecer outras situações de vida não-resolvidas com figuras de mundo interno em idades menores. Por exemplo, lembrança de conversas com a mãe, com seis anos; lembrança do nascimento da irmã; ciúmes, inveja, dúvidas, angústia, lembrança de ensinamento religioso, moral, aparecimento de outros personagens tais como professores, religiosos, tias etc. Nessa pesquisa vou possibilitando que Carlos, dentro desse nível de aquecimento, passe a enfrentar essas figuras superegóicas, continuando assim questionando-as e começando a procurar realmente a sua verdade. Estou nesse momento chegando próximo ao núcleo de caótico e indiferenciado de Carlos, isto é, afeto basal reprimido, que vai ser a Cena VII.

Identificação de afeto basal reprimido — Cena ou Fase VII

A identificação de afeto basal reprimido vai ser sempre uma cena de dúvida, pois não existe uma certeza em relação à situação em foco. Exemplo: após a desmobilização de todas as figuras superegóicas, sobra uma grande dúvida em Carlos — se esse pai gosta ou não de verdade dele. Todas as evidências externas a favor e contra, incorporadas por outras pessoas, já foram dissolvidas. Sobra nesse momento uma necessidade de confirmação se esse pai gosta ou não realmente de Carlos. Temos nessa cena uma configuração básica e única. Carlos$_1$ que é só desejo, o desejo de correr e abraçar esse pai; e temos um impedimento, Carlos$_2$, que lhe aconselha prudência pois não sabe como vai ser recebido. Nesse momento, Carlos$_2$ não é mais um impedimento superegóico mas sim o próprio ego de Carlos, que o alerta para uma situação de risco de vivenciar uma situação nunca vivida, portanto perigosa. É um momento crucial na terapia de Carlos. O afeto básico reprimido vai aparecer na terapia principalmente de três formas:

a) a falta de um conteúdo externo incorporado para o mundo interno, devido a esse conteúdo não ter sido suficientemente incorporado ou ter sido incorporado de forma não-satisfatória;

b) um conteúdo de mundo interno que precisa ser lançado a nível de mundo externo mas que por algum tipo de razão não pode ser lançado completamente ou foi lançado de forma dissimulada e insatisfatória para o cliente;

c) um planejamento e uma ação no mundo externo que gratificariam desejos internos básicos que também por algum tipo de razão não pode ser suficientemente planejado ou agido de forma satisfatória.

Nessa fase da terapia o cliente vai estar em contato íntimo com o afeto básico desejado e também com o impedimento desse afeto ser satisfeito. Até aí freqüentemente os impedimentos para as descargas afetivas desejadas eram figuras do mundo interno identificadas como superegos, conceitos morais, religiosos e filosóficos. Nessa Cena VII o impedimento é uma parte do próprio indivíduo que o impede de correr um risco desconhecido, que é o risco de se expor à situação nunca antes vivida, mas que em épocas remotas deixou marcas traumáticas (zonas de PCI). Essas marcas traumáticas estão carregadas de frustração pelas tentativas que já foram feitas de viver e satisfazer esses afetos, que nunca foram possíveis de ser compreendidos por falta de clima e continência do próprio indivíduo ou da correspondência da figura interna envolvida ou de seu substituto na vida real. Esse impedimento é, pois, uma parte egóica do cliente que o protege de novas frustrações mas, ao mesmo tempo, que o impede de satisfazer esse afeto desejado. Nesse momento estamos frente a um conflito do cliente consigo mesmo, sendo que não é um conflito dele com parte dele e sim dele como um todo frente a si mesmo, e só existem duas saídas possíveis:

a) predomina a parte egóica e de bom-senso e, apesar de identificado o afeto reprimido, o cliente resolve por uma decisão consciente, não correr o risco de externá-lo. O cliente fica conhecendo mais sobre si mesmo, mas protegido da possível frustração da vivência dessa zona nunca vivida. Ele identifica a zona de PCI mas não a integra a nível de sensação, integra somente a nível de conhecimento. Portanto, estaciona na Cena ou Fase VII da terapia;

b) o cliente rompe por uma fração de tempo com a parte egóica e, nesse momento, razoavelmente sem controle, parte para a satisfação do seu afeto reprimido, correndo o risco de vivenciar essa situação que, por ser no psicodrama, é controlada e com desfecho mais ou menos previsível. Dessa forma, ele entra totalmente dentro da zona de PCI, identifica, vive e integra-se a ela, passando da Cena VII para a Cena VIII, que é a descarga do afeto basal reprimido.

Descarga do afeto basal reprimido — Cena ou Fase VIII

Nessa cena ou fase, o vencer esse obstáculo (egóico) não é uma ação impulsiva e de libertação como o é muitas vezes a descarga catártica contra um impedimento superegóico. Nesse caso, é uma ação precedida de uma decisão consciente de, vencendo o alerta egóico, correr o risco de por alguns momentos sem a ação ego ficar totalmente exposto a entrar em contato com o seu mundo nunca vivido; portanto, com sua zona de PCI. Esse é um momento em que nova variável qualitativa é introduzida. Até o momento todas as situações vividas na terapia são situações já conhecidas ou já vividas que foram sendo revividas e diferenciadas durante o processo terapêutico. Nesse momento, vai entrar numa situação que nunca pode ser integralmente vivida. Portanto, de alto risco para a vivência psicológica. A partir do momento em que o indivíduo está sem a proteção egóica, vive um momento de loucura, obviamente, controlado e direcionado dentro do psicodrama. É fundamental que, nesse momento, o terapeuta saiba que uma boa parte da continência psicológica do cliente está calcada e contida na continência psicológica do terapeuta e do grupo de terapia, incluindo o ego auxiliar representante da figura de mundo interno do cliente. É também importante que o terapeuta e o ego auxiliar saibam que o cliente fugirá momentaneamente do seu controle e se entregará totalmente a uma descarga de afeto reprimido. É aconselhável que, se esse afeto for de agressão, se proteja o ego auxiliar, pois não se pode esperar essa proteção por parte do cliente, senão ele estaria dividido. Mas é bastante raro que nessa situação o afeto seja agressivo. O mais comum é que o afeto reprimido seja de amor. Muitos terapeutas se enganam achando que o afeto basal reprimido é um afeto agressivo. Em minha experiência, os afetos agressivos estão freqüentemente ligados a figuras superegóicas, não podendo ser confundidos com o afeto basal reprimido. A descarga do afeto basal reprimido é uma cena profunda e carregada de forte emoção, em que o cliente está totalmente voltado para o seu mundo interno, para o tempo passado e para o afeto há tanto tempo desejado.

O ego auxiliar é vivido como um real substituto da figura internalizada. É nesse momento que o cliente, ao dispensar sua função egóica e entrar na sua zona de PCI, desencadeia a catarse de integração, pois ao mesmo tempo em que vivencia algo nunca vivido (catarse) integra de chofre dentro do seu psiquismo toda uma parte de PCI que esteve excluída durante todo esse tempo (integração). A catarse de integração acontece sempre na Fase VIII da psicoterapia, podendo ser durante uma dramatização, mas é muito mais freqüente que aconteça no dia-a-dia do cliente, no seu relacionamento ou até mesmo nos seus sonhos. A sensação imediata, após a catarse de integração, varia de cliente a cliente: cansaço, agitação, calma etc. Mas são iguais e básicas as sensações de "estranheza", "de se achar diferente", "de se sentir completo". O cliente se sente diferente, sente-se completo, embora estranhe isso. Estranha muito seu próprio comportamento, passa a falar e perceber coisas novas para si mesmo e se surpreende com reações novas, diferentes das habituais; geralmente o clima é bom mas com uma certa estranheza. É realmente como se estivesse vivendo uma outra parte desejada, gostosa, mas desconhecida.

Essas sensações fazem parte da integração do PCI dentro da estrutura de POD. E é a Fase IX da psicoterapia, que vou chamar de fase de organização das zonas de PCI. Portanto, a catarse de integração se dá num intenso clima emocional de mundo interno, tempo passado e nunca vivido encerrando, neste momento, esse processo de aquecimento, entrando na Fase IX da terapia, que é a organização do PCI integrado, que passa a se dar no tempo presente.

Organização do PCI integrado — Cena ou Fase IX

Nessa fase, logo após a catarse de integração, é comum a sensação de estranheza e de esquisito. São freqüentes relatos de clientes se perderem de repente, não saberem caminhos habituais, esquecerem-se nomes de pessoas etc., pois uma parte da atenção está focada nessa nova zona. É onde se concretiza uma série de novos valores, completando a identidade. É uma fase cheia de *insides* produzidos por um profundo rearranjo das relações internalizadas e na medida em que essas relações vão se estruturando e se organizando, a atenção desse indivíduo vai gradativamente passando para fora, isto é, o mundo interno deixa de ser um foco primário de atenção, como foi se tornando durante o processo de aquecimento e como foi durante a fase de catarse de integração, e o mundo externo volta a ser o foco primário das atenções. Volta-se a ter como foco primário as relações interpessoais, apenas de clima interno diferente. Esse indivíduo não tem mais uma perda parcial de identidade, nem uma sensação basal de insegurança e de medo. Ele passa a ter agora uma identidade completa e una e passa a se sentir inteiro, a ter insegurança e medo quando houver situações externas que realmente desencadeiem essas sensações, dentro de um nível mais proporcional ao estímulo externo.

Diz-se, nesse momento, que o indivíduo deixou de ser neurótico para ser um indivíduo sadio. Consegue preencher a defasagem entre o tempo presente e o tempo bloqueado dentro do seu processo de desenvolvimento psicológico. Ele passa agora no tempo presente e na vivência atual a enriquecer cada vez mais o desenvolvimento psicológico, sem as defasagens anteriores.

Quero esclarecer que catarses de integração como essa ocorrem várias vezes no processo psicoterapêutico e, freqüentemente, dá-se por encerrado o processo psicoterapêutico quando cliente, terapeuta e grupo, por consenso, sentem e percebem que esse processo está terminado. É freqüente, mas não posso estabelecer como regra geral, que esse processo se encerre quando houve catarses de integração ligadas aos modelos básicos de figuras masculinas e catarses de integração ligadas aos modelos básicos de figuras femininas, mais freqüentemente pai e mãe ou substitutos desses.

Concomitantemente com a organização do PCI o cliente passa a usufruir de uma identidade mais completa sem as sensações basais de incompleto, insegurança e medo mas, ao mesmo tempo, começa a sentir necessidade de modificações nos seus aspectos inter-relacionais e mesmo de parte de seu projeto de vida que estava comprometido com vínculos compensatórios. Esta fase que, não necessariamente, precisa ser feita durante a psicoterapia, implica em mudanças na vida (realidade externa). Obviamente, são mudanças que abalam o projeto de vida e, portanto, mobilizam às vezes fortemente angústias do tipo existencial e/ou .do tipo circunstancial.

Entendo como final do processo da psicoterapia intrapsíquica a catarse de integração com o início da organização do PCI. A organização mais completa e as mudanças relativas ao projeto de vida devem ser feitas na vida. Caso se persista na psicoterapia esta vai ser mais centrada nos aspectos relacionais, de apoio e de clareamento. Deve-se tomar nesta fase o cuidado de não transformar a psicoterapia num apoio que acabe por compensar no contexto psicoterápico atitudes que devem ser tomadas na vida.

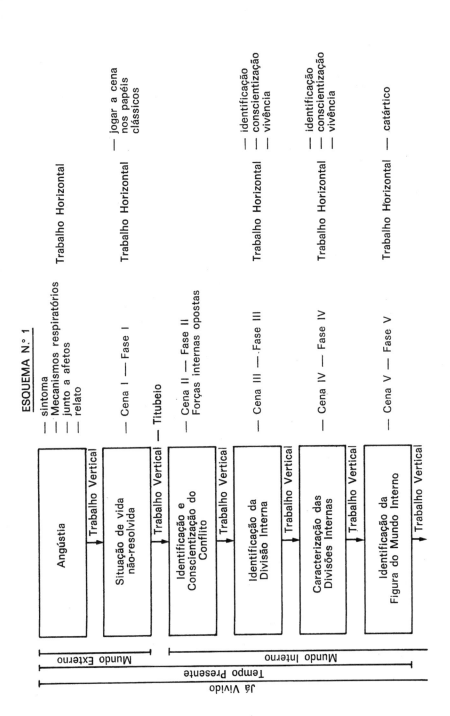

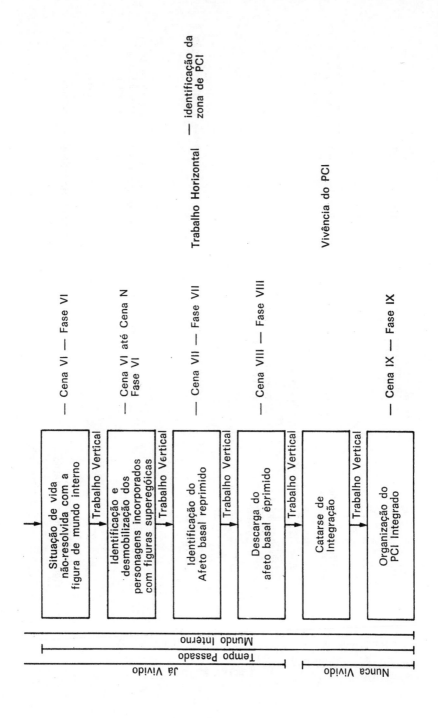

CAPÍTULO VI

Modalidades de psicodrama

Como vimos em capítulos anteriores, a terapia está assentada sobre dois pilares fundamentais. Um é o clima terapêutico, oriundo da relação terapeuta-cliente, que vai dar a rede de sustentação do processo psicoterapêutico, e o outro a pesquisa intrapsíquica, que vai ser a identificação, orientação e sistematização do processo de busca para o resgate intrapsíquico das zonas de psiquismo caótico e indiferenciado. Para isso, utiliza-se uma postura e técnica psicodramática em suas diferentes modalidades. Gostaria de discutir as três modalidades principais que são: o psicodrama bipessoal, o psicodrama individual com ego auxiliar e o psicodrama grupal. Todos eles com indicações e contra-indicações, algumas vezes precisas e algumas bastante vagas.

Psicodrama bipessoal

O psicodrama bipessoal é o atendimento do cliente somente pelo terapeuta, onde o processo psicoterapêutico se desenvolve na relação dois-a-dois e as dramatizações são feitas, freqüentemente, utilizando-se de almofadas ou blocos de espuma no lugar dos egos auxiliares e o terapeuta, freqüentemente, que entra com sua voz, com parte do seu corpo ou às vezes de corpo inteiro no lugar dos personagens do mundo interno do cliente. É uma terapia freqüentemente utilizada mas, a meu ver, tem pouco alcance e mais desvantagens do que vantagens. Vejo como principal vantagem do psicodrama bipessoal o rápido estabelecimento do clima terapêutico, pois nessa modalidade o clima terapêutico se estabelece apenas entre duas pessoas, sendo que uma delas, o terapeuta, está bastante capacitada a aceitar, proteger e conter o cliente. É também uma vantagem o aspecto de intimidade que se estabelece mais rapidamente com o cliente, podendo confiar ao terapeuta vivências íntimas que muitas

87

vezes teria vergonha ou medo de compartilhar com mais pessoas. É também uma terapia que suporta melhor os clientes com grande parte de zonas de caótico e indiferenciado, que apresentam grande dificuldade de identificar ou reconhecer um TU, isto é, clientes que estão bastante autocentrados em sua própria dinâmica, não percebendo, freqüentemente, o outro até como pessoa.

Vejo também que é uma terapia de escolha muito mais dos terapeutas do que dos clientes, pois são poucos os terapeutas iniciantes que têm grupos disponíveis para encaixar seu cliente. É uma forma utilizada pelos terapeutas recém-formados para poderem ter uma cota de clientes suficientemente grande para conseguirem abrir seus primeiros grupos. É também uma técnica muitas vezes de escolha para terapia em processo final, quando então o cliente, já bastante terapeutizado, não necessita de muitos recursos de aquecimento, podendo então tirar máximo proveito dessa técnica.

No meu modo de entender, o psicodrama bipessoal deve ser utilizado como uma terapia de preparo para entrada em grupo ou então como uma forma usada na finalização de um processo psicoterapêutico, isto é, quando após a catarse de integração o cliente necessita reorganizar sua identidade. Essa reorganização pós-catarse, freqüentemente, é mais produtiva no psicodrama bipessoal.

Vejo como principais desvantagens as seguintes:

1) é uma relação extremamente protegida, sem similar na vida real;

2) o terapeuta, na medida em que necessita participar efetivamente das dramatizações perde, freqüentemente, a distância terapêutica;

3) durante as dramatizações a cena fica sem diretor, pois o terapeuta envolvido como está no papel de personagem acaba por se transformar num simples ego auxiliar e não mais no diretor de uma cena deixando o cliente desprotegido e com uma sensação de falta de retaguarda que lhe impede, freqüentemente, de se soltar;

4) dificulta a entrada nas divisões internas, pois ao jogar as posições clássicas é, freqüentemente, bastante prejudicada a posição do cliente no papel de observador. No psicodrama bipessoal, para o cliente assumir a posição de observador, o terapeuta tem que jogar dois papéis simultâneos, que é o de emissor e receptor numa relação, perdendo completamente o controle das reações mais sutis do cliente e também não podendo interrogar o cliente na posição de observador vendo a relação. Assim como no exemplo citado no capítulo V, de Carlos e de seu chefe, o terapeuta teria que jogar o papel de Carlos e o papel de chefe, sendo que o Carlos verdadeiro estaria no papel de observador. É freqüente em minha vivência de supervisor, a grande maioria dos processos

psicoterapêuticos bipessoais estar emperrada nessa fase por falta de instrumental necessário (egos auxiliares);

5) é muito mais freqüente no psicodrama bipessoal o terapeuta acabar por assumir as posições internas complementares patológicas de seu cliente pela falta de instrumental já descrita e, com isso, a psicoterapia se superficializa, passando-se a tratar da relação entre cliente e terapeuta, projetado com figuras do mundo interno a nível de mundo externo;

6) a perda de distância terapêutica, além de diminuir a capacidade de observação do terapeuta, facilita grandemente os processos contratransferenciais, isto é, que a parte não-télica do terapeuta passe a fazer parte integrante da psicoterapia;

7) aliada à dificuldade de dramatizações mais complexas, no psicodrama bipessoal é freqüente que o terapeuta seja carregado com as cargas transferenciais do cliente, não tendo um instrumental conveniente para tratá-las, estabelecendo, às vezes, uma relação do tipo compensatória, em que o cliente e o terapeuta se perdem, passando a utilizar indiscriminadamente dos *depoimentos* e do *compartilhar*;

8) no psicodrama bipessoal a dificuldade de se entrar no caótico e indiferenciado é bastante maior do que nas outras modalidades. No meu entender, praticamente a entrada no caótico e indiferenciado nessa modalidade fica restrita aos psicodramas internos, onirodramas e sensações corporais.

Do já visto e, em meu entender, o grau de eficiência do psicodrama bipessoal é menor do que das outras modalidades, sendo principalmente uma técnica que possibilita pouca profundidade. Não excluo que para alguns clientes e com alguns terapeutas, principalmente terapeutas bastante experientes, possa vir a ser uma técnica muito profunda, mas não é absolutamente o que tenho visto para a maioria dos clientes e dos terapeutas.

Psicodrama individual com egos auxiliares

O psicodrama individual com egos auxiliares é uma das modalidades de psicodrama mais eficientes que existe em determinadas situações. A presença do ego ou dos egos auxiliares elimina as principais desvantagens descritas no psicodrama bipessoal. Possibilita:

1) estabelecimento rápido de clima terapêutico;

2) distância terapêutica eficiente;

3) direção nas dramatizações, uma vez que o terapeuta não precisa se envolver na cena;

4) que o cliente possa ocupar todas as posições clássicas;

5) diminui o risco das contratransferências, pois existem mais terapeutas presentes;

6) a entrada no psiquismo caótico e indiferenciado pode ser feita além de como já descrito no psicodrama bipessoal — psicodrama interno, onirodrama e sensações corporais — também pelas dramatizações clássicas, com as figuras de mundo interno projetadas ou vivenciadas pelos egos auxiliares.

A desvantagem que vejo no psicodrama individual com ego auxiliar é o alto preço que acarreta, pois o cliente além de pagar os honorários do terapeuta, tem que pagar honorários para mais um ou dois egos auxiliares, tornando-se uma terapia cara.

Também vejo como desvantagem que a relação estabelecida é uma relação com pouco similar na vida real. Entendo como indicação principal de psicodrama individual com ego auxiliar para clientes que já fizeram um pouco de terapia e precisam se aprofundar na pesquisa intrapsíquica. É a terapia em que o terapeuta está mais coberto e tem à mão todos os instrumentos necessários para aplicação de qualquer técnica psicodramática.

Psicodrama grupal

O psicodrama grupal é das modalidades do psicodrama a mais eficiente, pois além de possibilitar todas as vantagens do psicodrama individual com ego possibilita ao cliente lidar com sua intimidade frente a um público, numa relação mais próxima das relações da vida real, diminuindo a distância entre o vivenciar terapêutico e o vivenciar real.

Outra vantagem inestimável do psicodrama grupal é o grau de aquecimento mais rápido que este produz, pois o grupo funciona como uma caixa de ressonância amplificadora dos afetos presentes no contexto psicoterapêutico. Para se ter uma idéia, é muito mais fácil engatar num choro, numa tristeza, numa raiva ou qualquer outro tipo de afeto se este é desencadeado por uma pessoa e seguido por várias outras. Ao passo que no psicodrama individual e no bipessoal a evidenciação dos afetos cabe quase que unicamente ao cliente.

Vejo como vantagem da terapia de grupo também o seu baixo custo, sendo a terapia mais eficiente, com possibilidade de alcance extremamente profundo e, ao mesmo tempo, a mais barata entre todas as modalidades de psicodrama.

A desvantagem mais presente na terapia de grupo é que não é indicada para qualquer tipo de cliente, pois clientes com algum grau de zonas de psiquismo caótico e indiferenciado, tipo psicóticos ou *borderlines* têm dificuldade de entrosamento grupal, não se adequando muito à vivência grupal, dificultando, freqüentemente, a integração do grupo, sendo para estes mais indicada a terapia individual ou bipessoal até que estejam com melhor grau de sociabilidade.

É também uma terapia que exige maior habilidade e maior vivência do terapeuta, pois as vivências são mais intensas e requerem um alto grau de continência de sua parte, principalmente nas fases em que o grupo como um todo entra no caótico e indiferenciado e aí o terapeuta tem que conter dentro da sua estrutura psicológica não apenas mais a do cliente mas a de um grupo de clientes. É uma das fases mais difíceis que o terapeuta encontra em sua carreira. E, para isso, precisa estar bastante preparado. Falarei de grupo em detalhes no capítulo seguinte.

Função e papel do ego auxiliar

Ego auxiliar em princípio é todo indivíduo que, ao contracenar com o cliente, joga o papel de pessoas de sua relação ou de figuras de seu mundo interno, figuras essas já existentes ou até figuras não existentes mas desejadas. A rigor, qualquer elemento de um grupo pode assumir o papel de ego auxiliar em determinadas fases ou em determinadas dramatizações. Freqüentemente, utiliza-se dos serviços de um ego auxiliar profissional, isto é, de um terapeuta auxiliar que não faz parte do grupo como cliente mas sim com a função específica de ser ego auxiliar.

Entendo a função do ego auxiliar como um instrumento a mais do terapeuta dentro dos recursos psicodramáticos e entendo que o profissional que irá assumir essa função deva ser diretamente contratado pelo terapeuta, sendo em princípio um auxiliar deste; nunca um profissional contratado pelo grupo, desvinculado do terapeuta. Encaro como função específica do terapeuta a contratação do seu ego auxiliar.

Vejo a função do ego auxiliar com duas grandes características:

a) Ego auxiliar como instrumento do diretor:

1) possibilita uma maior distância afetiva do diretor em relação a seus clientes, permitindo que este trabalhe num campo mais relaxado preservando-se sua liberdade de ação e de percepção. Chamo a isso de *distância terapêutica*;

2) possibilita uma maior interferência do diretor durante o desenvolvimento da cena psicodramática, tal como dar consignas, interpolar resistências, assumir o papel de duplo etc.;

3) reparte com o diretor as cargas transferenciais do processo psicoterapêutico, pois é comum às vezes uma carga transferencial maciça em relação ao diretor, tolhendo, muitas vezes, a possibilidade deste trabalhar com determinado cliente nessa fase, podendo sua função de diretor ser substituída parcial ou até totalmente em alguns momentos pelo ego auxiliar;

4) auxílio na parte dos comentários finais, dando principalmente o depoimento das vivências sentidas durante a dramatização, que muitas vezes passam despercebidas pelo terapeuta;

5) possibilita ainda ao terapeuta um companheiro para discussão e avaliação de cada sessão e, com isso, um melhor entendimento de pontos obscuros das dinâmicas individual e/ou grupal.

b) Ego auxiliar como instrumento do protagonista:

O ego auxiliar funciona como instrumento específico do cliente nas seguintes situações:

1) é a ponte entre o cliente e seu mundo internalizado, à medida que assume papel de figuras de seu mundo interno existentes ou desejadas, possibilitando assim a integração das vivências oriundas das suas zonas de psiquismo caótico e indiferenciado;

2) é um elemento facilitador na dramatização, pois além de auxiliar no aquecimento compromete, com suas técnicas, o cliente na ação;

3) auxilia o protagonista com seus comentários no final da dramatização;

4) ao repartir com o diretor as cargas transferenciais, possibilita ao cliente uma maior liberdade de sentir e se expressar em relação ao terapeuta, com menos riscos de sanções por parte deste. Exemplo: é muito mais fácil um cliente poder expressar sua raiva, ciúme, inconformismo em relação ao terapeuta se escudado na proteção do ego auxiliar do que numa situação em que o terapeuta trabalhe sozinho, pois aí a tendência seria amenizar ou mesmo reprimir a expressão destes afetos.

Dito isto, vejo com vantagem ter-se como ego auxiliar um terapeuta treinado para essas situações:

1) o fato de ser terapeuta, de ter conhecimentos de psicopatologia, dá segurança a esse ego auxiliar de saber em que estrutura psico-

lógica está trabalhando, assim como possibilita a ele antever com maior clareza determinados passos além de poder separar melhor sua vivência interna das vivências dos clientes no desempenho do papel;

2) ter pelo próprio treinamento uma maior prontidão corporal e maior desinibição em jogar papéis que, eventualmente, seriam difíceis para um elemento do grupo, tais como chorar, gritar, imitar um animal, se jogar no chão, implorar e, principalmente, nas cenas de conteúdo sexual, freqüentemente inibitórias para a maioria dos participantes. Com isso possibilita que as dramatizações sejam de melhor qualidade e alcancem maior grau de aquecimento, além de possibilitar que o diretor mantenha sua distância terapêutica preservada.

Vejo como grandes desvantagens o trabalho sem um ego auxiliar específico as seguintes:

1) má qualidade e, freqüentemente, dificuldade no aprofundamento e aquecimento de determinadas cenas, como as já descritas anteriormente;

2) a falta de um ego auxiliar específico na função, freqüentemente, impede o tratamento de algum cliente dentro do grupo. É freqüente, quando não há ego auxiliar específico, algum elemento do grupo ser espontaneamente eleito pelo próprio grupo ou às vezes pelo próprio diretor como seu auxiliar, pois sabe jogar melhor papéis. Se por um lado o desempenho de papel favorece a terapia desse cliente, por outro lado também o impede de poder dar vazão a determinados afetos durante as dramatizações pois às vezes, numa dramatização, onde está fazendo o papel de mãe, pode sentir uma grande tristeza, vontade de chorar mas não o faz pois o papel de mãe solicitado pelo cliente é de uma mãe enérgica e brava. Com isso, ele jogou o papel de agressividade e autoridade quando, na verdade, naquele momento, poderia no contexto grupal assumir toda uma tristeza de ser pequeno e frágil. E se esse tipo de situação ocorre com freqüência, esse cliente acaba por ser prejudicado em sua terapia, pois acaba se cristalizando nele a escolha de determinados papéis.

Exemplo retirado de grupo: Cliente: eu não quero mais ser escolhido para mãe de ninguém. Já estou de saco cheio porque sempre me escolhem para mãe e eu nunca posso ficar no meu canto para simplesmente sentir o que eu quiser.

Um exemplo marcante que me ocorreu foi num grupo onde não havia um ego auxiliar e uma determinada moça, que chamarei de

Rosali, era chamada a fazer o papel de mãe dos clientes, posição essa que lhe era gratificante e que jogava com grande capacidade. Quando colocado um ego auxiliar, Rosali foi extremamente agressiva, não desejando a entrada desse ego, hostilizando, em princípio, surdamente, depois abertamente a sua presença. Três sessões depois, quando trabalhada, finalmente Rosali pôde, liberada desse papel cristalizado que tinha no grupo, assumir pela primeira vez na sua terapia o papel de filha, escolhendo para lhe dar continência no papel de mãe o ego auxiliar recém-chegado, podendo finalmente desatar em choro convulsivo no colo do ego auxiliar no papel de mãe. Rosali tinha, até esse momento, sido "sacrificada" pelo grupo e pelo terapeuta, tendo que assumir para o grupo um papel de mãe em detrimento de seu papel de filha. Como ela mesma relatou mais tarde, nunca daria para jogar o papel de filha pois não havia nenhum elemento do grupo que ela poderia escolher para ser seu ego auxiliar no papel de mãe.

Como esse exemplo vejo muitos e considero essa a maior desvantagem e até gravidade de uma tendência largamente usada no psicodrama brasileiro de se trabalhar sem o auxílio de um profissional específico no papel de ego auxiliar, pois fatalmente algum ou alguns clientes terão que suprir esse papel, ficando com isso prejudicados, quando não totalmente tamponados em determinados aspectos de suas terapias.

CAPÍTULO VII

Psicodrama grupal

Psicodrama grupal

Psicodrama de grupo é a forma mais abrangente do psicodrama e inicialmente proposta por Moreno, quando da criação do psicodrama, tendo o psicodrama individual e o bipessoal surgido como adaptações a determinados clientes e a determinados terapeutas ou simplesmente a situações econômicas. O psicodrama de grupo se caracteriza obviamente por uma psicoterapia em grupo, em que se utiliza tanto a técnica como a postura e a filosofia do psicodrama.

O psicodrama de grupo se caracteriza pela presença de um terapeuta, de um ou mais egos auxiliares e de um grupo. A dinâmica de um grupo de psicodrama é a dos grupos em geral, onde existe sempre um protagonista, que é o indivíduo que detém naquele momento todos os afetos e as necessidades de percepção, explicações de que aquele grupo necessita. É o indivíduo que sintetiza um clima presente no grupo, sendo portanto seu porta-voz. O protagonista não é necessariamente um indivíduo, podendo muitas vezes ser uma relação dentro do grupo, o próprio grupo e até mesmo, e freqüentemente, o terapeuta.

Pode-se fazer psicodrama com grupos pequenos, do tipo de 4 a 6 elementos, cuja característica é a de um maior enfoque individual, e de menor enfoque na dinâmica de grupo. Ou então com grupos maiores, que vão de 7 a 10 elementos, onde a dinâmica grupal é mais intensa e menos atenção é centrada sobre o indivíduo. Pode-se ainda fazer psicodrama com grandes grupos, é o que Moreno chama de psicodrama público, em que o psicodrama — com número de pessoas oscilando entre 20-30-100-200 — tem o protagonista sustentado por uma ressonância afetiva com um grande auditório, e o psicodrama passa a ser um ato terapêutico muitas vezes não se repetindo mais com aquele protagonista. Na realidade brasileira, o

95

psicodrama público começa a ter alguma aceitação agora, em algumas cidades e com alguns grupos.

Desde a introdução do psicodrama no Brasil, oficializada em 1970 pelo Congresso Internacional de Psicodrama, a característica brasileira do psicodrama tomou o rumo de um processo de psicoterapia longo e abrangente, principalmente a nível de consultórios. Foram se formando grupos de tamanho médio, de 7 a 10 elementos, com duração indefinida, num processo de terapia bastante profundo. Vou me ater a esse tipo de experiência, pois é a mais constante e mais presente em nossa realidade.

Como já visto em capítulos anteriores, qualquer processo de psicoterapia está apoiado em dois pilares. Um deles é o estabelecimento do clima terapêutico, que vai ser a rede de sustentação, dando continência para que o cliente possa identificar suas zonas de psiquismo caótico e indiferenciado e o outro é a pesquisa intrapísiquica onde ele vai identificando e desmontando seus mecanismos reparatórios, enriquecendo suas áreas parcialmente indiferenciadas, até que possa ter suficiente autocontinência para identificar e integrar suas zonas de psiquismo caótico e indiferenciado. No psicodrama grupal ocorre o mesmo processo, embora de forma um pouco diferente, pois existe um acréscimo que é a dinâmica de grupo.

A dinâmica de grupo é peça fundamental na estruturação do clima terapêutico e a pesquisa intrapsíquica acaba sendo eficiente quando o clima terapêutico está presente. E o clima terapêutico só está presente realmente quando a dinâmica de grupo está entrosada Os distúrbios de dinâmica de grupo afetam diretamente o clima terapêutico, impedindo o caminhar da pesquisa intrapsíquica. O grupo de psicodrama, como os outros grupos de terapia, tem uma dinâmica e uma vida útil que varia de 2 a 6 anos, dentro da minha experiência, não tendo condições de afirmar isso como uma verdade para todos os grupos. Nessa vida útil, este grupo vai se aprofundando e vivenciando cada vez mais territórios profundos da estrutura psicológica dos indivíduos, até chegar na fase de catarse de integração. Para poder explicar isso, vou tomar como modelo o hipotético funcionamento de um grupo.

Início de um grupo

A iniciação de um grupo de terapia é sempre uma fase extremamente importante para o psicodramatista. É o seu batismo de fogo. É um momento carregado de ansiedade e de medo, mas de intensa vontade e curiosidade. Para se formar um grupo de terapia deve-se levar em conta alguns critérios básicos.

Pode-se iniciar o raciocínio pela seguinte premissa: o que necessita um grupo para ser um grupo terapêutico? Tirando as necessidades óbvias, tipo terapeuta, local, horário etc., esse grupo necessita de um bom entrosamento entre os indivíduos, grau de sociabilidade compatível e algum tipo de linguagem e anseios que seja comum a todos os indivíduos do grupo. Dentro dessa premissa, pode-se estabelecer três critérios para a formação do grupo:

1) *Grau de patologia dos indivíduos*

É contra-indicada a colocação em grupos de clientes com grande quantidade de zonas de psiquismo caótico e indiferenciado e que não tenham mecanismos reparatórios bem-estruturados, pois o entrosamento grupal se faz basicamente pela vinculação da parte sadia. Clientes que tenham uma parte indiferenciada muito grande não conseguem, freqüentemente, um mínimo de entrosamento grupal, isto é, um mínimo de sociabilidade que possa favorecer sua integração grupal. São clientes egocentrados, que necessitam freqüentemente de um atendimento individual até que possam aumentar sua parte sadia a ponto de participarem de um grupo.

Dentro do esquema de desenvolvimento da matriz de identidade proposta por Moreno e modificada por Fonseca, estariam contra-indicados os indivíduos que estão com alto grau de vivência simbiótica ou grandemente comprometidos na fase da identificação do Eu e do Tu. Em minha experiência, os indivíduos que tenham grande parte dos seus núcleos estacionados na fase de corredor podem, com algum auxílio do terapeuta e uma certa tolerância do grupo, se entrosar na terapia de grupo. Os clientes considerados psicóticos na linguagem clássica, quando em surto, são formalmente contra-indicados para psicoterapias de grupo junto com indivíduos não-psicóticos ou mesmo com estruturas psicóticas mais compensadas. Desta forma, qualquer cliente que tenha um grau de parte sadia capaz de suportar uma vivência social pode, em princípio, ser colocado em grupo.

2) *Integração das patologias*

Dentro de um grupo de psicoterapia, uma das condições fundamentais para o bom desenvolvimento do processo é a já referida, no capítulo anterior, distância terapêutica. A distância terapêutica que no psicodrama bipessoal é grandemente comprometida e no psicodrama individual com egos auxiliares é mais preservada, no grupo é dependente diretamente da integração entre os diversos tipos de personalidade dos indivíduos participantes. Vou dar um exemplo processado na teoria do Núcleo do Eu.

Pelo Núcleo do Eu há três estruturas básicas distintas de personalidade:

97

a) os Ingeridores, que apresentam a parte indiferenciada (PCI) relacionada com modelo de ingeridor e com a mistura das áreas do sentir e do perceber e cuja parte sadia está ligada à área mente, isto é, aos processos de pensamento, raciocínio e explicação, e aos modelos de defecador e urinador;

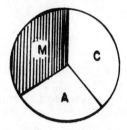

b) os Defecadores, onde a parte indiferenciada (PCI) está relacionada ao modelo de defecador e na mistura das áreas de pensar e perceber, ficando a parte sadia mais relacionada à área corpo, no processo do sentir (sensação e emoção) e aos modelos de ingeridor e urinador;

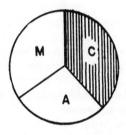

c) os Urinadores, onde a parte indiferenciada (PCI) está relacionada ao modelo de urinador e há confusão entre as áreas do pensar e do sentir ficando a parte sadia relacionada principalmente à área ambiente (percepções) e aos modelos de ingeridor e defecador.

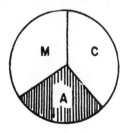

Tomando como referencial a parte sadia de cada estrutura de personalidade, que vou chamar de área forte, teremos diversas configurações.

1) Grupo formado por indivíduos *ingeridores e defecadores*, cabendo portanto dentro da patologia clássica os histéricos (conversivos), os fóbicos, os depressivos e os atuadores. Nesse caso, o Núcleo do Eu do grupo será o seguinte:

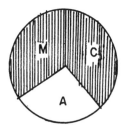

É um grupo que vai ter como áreas fortes mente e corpo, isto é, é um grupo que vai ser continente nos processos de explicação e de pensamento, continência essa fornecida pelos clientes com patologias de ingeridor (histéricos e fóbicos) e também vai ser um grupo que terá uma grande continência a nível do sentir, continência essa fornecida pelos defecadores (depressivos e atuadores). É um grupo que vai conseguir uma boa capacidade de explicação e de elaboração das vivências e, ao mesmo tempo, uma capacidade boa de lidar com os afetos, emoções e sensações; esse grupo terá, em contrapartida, dificuldade em lidar com os mecanismos de percepção que são falhos tanto nos ingeridores como nos defecadores. É um grupo que vai se caracterizar por uma dificuldade crônica de lidar com a percepção, tendendo a acontecer, em sua dinâmica, dois fatos extremamente contraproducentes:

a) o estabelecimento crônico de mecanismos reparatórios ligados à área ambiente, que são as defesas fóbicas e psicopáticas (atuação).

99

A manutenção crônica dessas defesas dificulta sobremaneira a entrada nas zonas de psiquismo caótico e indiferenciado ligadas à área de percepção e parcialmente aos modelos de ingeridor e defecador. Portanto, tensões advindas da área de percepção vão ser respondidas, freqüentemente, com comportamentos fóbicos ou de atuação, impedindo uma identificação e integração dessas tensões;

a) à medida que o grupo não consegue se estabilizar a nível de percepção, é freqüente que o terapeuta acabe por assumir essa função, suprindo com sua estrutura psicológica a falha de percepção desse grupo.

Nesse momento, esse terapeuta perde a distância terapêutica e passa a funcionar como integrante não-diferenciado do grupo. Isto é, o grupo não se trata sozinho sob a direção do terapeuta, mas ele se trata com o auxílio da estrutura psicológica do terapeuta, o que acaba por estabelecer um grau de dependência do grupo em relação ao terapeuta e todas as dificuldades conseqüentes dessa situação. Sobrecarrega o terapeuta, pois além de sua função de diretor passa a ser também um elemento do grupo. Quero deixar claro que o terapeuta sempre é um elemento do grupo mas com um papel diferenciado. No caso que estou citando, ele perde uma parte do seu papel diferenciado e este grupo fica sujeito a um envolvimento maior do terapeuta em suas partes não-télicas. São grupos de difícil manejo em que o terapeuta acaba por ficar cego a algumas dinâmicas, pois está profundamente envolvido nelas mesmas;

2) Grupo formado basicamente por indivíduos defecadores e urinadores. Nesse caso, o Núcleo do Eu do grupo vai apresentar como áreas fortes o sentir e o perceber. É um tipo de grupo que vai ter um alto grau de continência a nível de sentir (emoção e sensação) fornecido pelos defecadores e uma grande capacidade de percepção fornecida pelos urinadores.

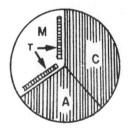

Mas será um grupo que terá grande dificuldade no estabelecimento dos processos explicativos de suas próprias dinâmicas e dos seus próprios comportamentos. São grupos que se caracterizam por lidarem bem com os afetos e com alto grau de percepção de seus elementos, mas que tendem a não conseguir dar uma explicação coerente e correta a esses afetos e a essas percepções. Novamente ocorrem dois tipos de situação de difícil manejo:

a) é um grupo que tende a se cristalizar em defesas do tipo depressivas, de idéias reverberantes ou obsessivas, portanto, as tensões da área mente necessárias para dissolver as dúvidas acabam por ser transformadas em idéias obsessivas ou então na elaboração sem fim, tão característica do mecanismo mental de depressão;

b) ocorre a mesma situação já descrita anteriormente, em que o terapeuta passa a suprir a área frágil do corpo, isto é, a área mente, com a sua própria área mente, perdendo a distância terapêutica e saindo do seu papel de elemento diferenciado do grupo com as conseqüências já descritas.

3) Grupo predominantemente formado por ingeridores e urinadores. Serão grupos cujo Núcleo do Eu vai apresentar como áreas fortes: mente (pensar) ambiente (percepção).

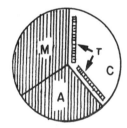

Estes grupos que vão ter uma boa continência no que diz respeito aos processos explicativos, fornecida pelos ingeridores, e também continência boa nos processos de percepção interna do ambiente externo, fornecida pelos urinadores. Mas que vão ter grande dificuldade (falta de continência) para lidar com os processos do sentir (área corpo). São grupos que vão apresentar as duas dificuldades básicas:

a) tendem a tornar posições crônicas nas defesas conversivas e de rituais compulsivos. São geralmente grupos que se emperram e se caracterizam por extremamente queixosos de somatizações e conversões e extremamente rígidos e sistematizados em seus comportamentos. As tensões emocionais em vez de convenientemente sentidas passam a ser explicadas e percebidas, ficando o sentir restrito a defesas conversivas ou rituais compulsivos;

b) o terapeuta acaba por se ver forçado a suprir com sua própria área corpo, isto é, com sua sensação e emoção a dificuldade de sentir do grupo, caindo na já referida perda de distância terapêutica e da sua função diferenciada dentro do grupo.

Portanto, um grupo ideal deve ser composto por representantes das três características básicas de personalidade, isto é, ingeridores, defecadores e urinadores. Desta forma, o Núcleo do Eu do grupo no tocante a sua parte sadia será o seguinte:

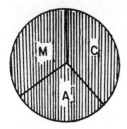

É um grupo que tem continência no pensar, sentir e perceber, dada respectivamente pelos ingeridores, defecadores e urinadores. Esse grupo desde que convenientemente manejado se trata sozinho, permitindo ao terapeuta manter uma distância terapêutica e impedindo a configuração de cristalização de defesas, portanto, tornando-se um grupo dinâmico, vivenciando todas as áreas e suas conseqüentes defesas. Essa configuração já não é tão importante nesses grupos mais antigos, onde após liberadas as defesas se trabalha apenas com as vivências de caótico e indiferenciado e as características gerais de patologia psíquica (cap. I), não importando mais nesse momento as diversas áreas fortes, pois aí a vivência é comum. Falarei a este respeito mais adiante.

3) *Nível cultural*

Na formação dos grupos, as diferenças de nível econômico, idade, religião, filosofia de vida etc., não são impedimentos e muitas vezes são até fatores de enriquecimento da dinâmica do grupo. O impedimento mais grave é o das diferenças sociais e culturais, pois indivíduos de classes diferentes ou de nível cultural muito diferente tendem a não conseguir estabelecer uma linguagem comum e também anseios mínimos comuns. Por exemplo, um grupo basicamente de indivíduos de classe média ou média alta vai ter grande dificuldade de entrosamento com um elemento de classe c, um operário, pois a linguagem, os anseios deste vão ser muito diferentes dos da classe média, tendo uma dificuldade de integração; ou então, um grupo caracteristicamente de classe c, com indivíduos de classe d, mais marginal, vai ter também grande dificuldade pelo estabelecimento de linguagem e anseios comuns. Embora não seja um impedimento total é uma situação que merece um melhor estudo do indivíduo, de seus anseios, independente da classe a que está situado, pois dependendo disso é melhor colocá-los, às vezes, em outro grupo.

Unidade funcional

A forma da unidade funcional ou unidade terapêutica que consta do terapeuta e do seu ego auxiliar também deve obedecer o mesmo tipo de critérios estabelecidos pelo grupo. Portanto, um terapeuta com características de urinador, com uma área forte a nível de percepção, deverá escolher um ego auxiliar defecador ou ingeridor, para que o Núcleo do Eu da equipe seja também completo em si mesmo e o mais continente possível.

É óbvio que estou fazendo uma aproximação didática, pois na verdade o que se pode encontrar é, por exemplo, um terapeuta urinador com sua área forte estabelecida a nível de percepção do ambiente, já tendo bastante desenvolvida a sua área mente e tendo pouco desenvolvida sua área corpo; terá como excelente ego auxiliar alguém com uma estrutura de personalidade do tipo defecador, com a área forte localizada a nível do corpo, tendo razoavelmente desenvolvida a área mente, podendo ter menos desenvolvida sua área ambiente.

Desta forma, o Núcleo do Eu desta unidade funcional será extremamente continente para trabalhar a nível de explicação, de percepção ou dos afetos. Portanto, num grupo onde o Núcleo do Eu do grupo forme um conjunto continente para todas as áreas e uma equipe terapêutica, onde o Núcleo do Eu também seja continente para todas as áreas, tem todas as condições ótimas para estabelecer o clima terapêutico, promover a pesquisa intrapsíquica, além de ser continente para quaisquer situações sem perder a já referida distância terapêutica.

Contrato

Uma vez estabelecido e formado o grupo, cabe ao terapeuta estabelecer algumas regras mínimas para o funcionamento desse grupo. Dentro da minha forma de trabalho, aproveito para junto com as normas de contrato também dar uma explicação do funcionamento do grupo para os clientes. Isso tem se mostrado extremamente válido e eficiente, à medida que muitas situações acabam por ser evitadas quando o cliente entende um pouco do mecanismo de funcionamento do grupo. Vou dar exemplo de ambos os casos. Estabeleço no contrato três regras que julgo fundamentais.

a) *Sigilo*. É de fundamental importância que os clientes se conscientizem da necessidade de manter sigilo do que acontece dentro do grupo, a fim de que se possa criar um clima de confiança, onde as pessoas se sintam bastante à vontade para colocar coisas íntimas, que muitas vezes, se colocadas no social, de maneira inadequada ou em hora imprópria, podem acarretar danos reais na vida dessas pessoas. Sabe-se também da dificuldade de o ser humano guardar segredo e da vontade muitas vezes incontrolável de falar sobre esses assuntos. Entendo também que a partir do momento que um cliente passa a vivenciar em grupo intimidades de outros clientes, passa a ser co-participante dessas vivências, muitas vezes sendo até gratificante poder comentá-las fora da terapia. Para isso, estabeleço uma regra: é terminantemente proibido identificar os companheiros do grupo (nome, idade, profissão, nível social etc.). Dessa forma, podem comentar os assuntos sem que se estabeleça a identidade das pessoas.

b) *Quorum*. Estabeleço sempre um *quorum* mínimo para o funcionamento do grupo, que é o de três elementos. Escolho o número três exatamente por ser o que me configura unidade básica de um grupo. Portanto, tendo três pessoas no horário previsto, a sessão se inicia e qualquer elemento que chegue atrasado, é só bater na porta que esta será aberta, independente do quanto de atraso. Existe uma tolerância de meia hora para que esse *quorum* se forme. Se em meia hora o *quorum* não estiver estabelecido, essa sessão pode ser suspensa pelo terapeuta e considerada como uma falta do grupo; neste caso, o grupo arca financeiramente com a sessão. Essa regra, embora possa parecer de caráter punitivo, não é absolutamente estabelecida com essa intenção. É um dos poucos recursos de limite que o terapeuta pode usar durante a terapia de grupo. Freqüentemente, principalmente nas fases de defecador e também nas fases de defesas conscientes do

104

grupo, o grupo como um todo ou as pessoas isoladamente tendem a faltar muito na terapia exigindo, às vezes, que o terapeuta assuma o papel de autoridade punitiva. Essa regra dá respaldo a que o terapeuta não precise assumir essa posição, deixando que o grupo por si mesmo e pela sua própria dinâmica acabe por assumir esse mesmo papel de se organizar. São freqüentemente fases em que o grupo entra em oposição com as normas e as regras, o que de uma certa forma é extremamente benéfico para os clientes, pois é uma forma de, ao enfrentar as normas, poderem substituí-las por outras mais integradas às suas necessidades e vontades. Quando o terapeuta não tem o respaldo do *quorum*, nesta fase ele acaba por ser obrigado a assumir um papel punitivo, com isso perdendo a distância terapêutica e desobrigando o grupo de assumir esse mesmo papel. Juntamente com essa regra, existe uma segunda, que é a respeito do pagamento. Uma vez que há um *quorum* mínimo, tem sessão. O fato de ratear o preço da sessão entre os elementos presentes acaba por ocasionar dois grandes inconvenientes:

1) pode desequilibrar financeiramente o cliente, pois ele nunca sabe ao certo quanto vai ter que pagar no fim do mês;

2) começa-se a discutir se o motivo da falta foi justo ou não, e com isso o grupo e a unidade funcional se transformam em polícia ou juízes o que não é absolutamente a intenção de um grupo terapêutico. Portanto, o indivíduo que falta à sessão, paga essa sessão, tendo ou não um motivo justo para tal.

Desta forma, não se desequilibra o orçamento dos clientes e também fica a seu próprio critério estabelecer se sua falta foi justa ou foi simplesmente uma fuga.

c) *Sessões-extras*. Qualquer membro do grupo terapêutico tem o direito de solicitar sessões individuais com o terapeuta durante o tratamento em grupo. Deixo aberta essa válvula por dois motivos, principalmente:

1) quando determinado assunto ou sensação começa a, persistentemente, incomodar o cliente e este por medo, inibição, desentrosamento ou qualquer outro tipo de dinâmica, acaba por não conseguir colocar esse assunto no grupo. Acho preferível que ele marque uma sessão individual e discuta comigo, ao invés de guardar esse assunto, pois embora sabendo que retornará em outros momentos, se perde muito tempo com isso;

2) quando na vigência da terapia de grupo o cliente entra em algum tipo de crise interna ou mesmo externa e necessita de muito espaço para si mesmo. Nem sempre o grupo está dispo-

nível para trabalhar várias semanas com o mesmo protagonista. Neste caso esse cliente pode complementar o seu atendimento marcando algumas sessões individuais.

Embora sejam os principais fatores para marcar sessão individual, obviamente o cliente marca independente disso e por outras razões, que acho difícil sistematizar.

Funcionamento da terapia de grupo

Costumo explicar aos clientes de forma simples e resumida o funcionamento da terapia em grupo e o faço desse jeito. O modo de funcionamento do grupo está baseado em três pilares principais. É diferente da terapia individual, onde freqüentemente o indivíduo entende as motivações do seu comportamento e passa a modificá-lo ou a tentar modificá-lo no mundo exterior. No grupo acontece freqüentemente o inverso, isto é, o indivíduo começa a sofrer modificações para mais tarde vir a entendê-las. Isso principalmente pelo tipo de funcionamento do grupo, que é:

1) O grupo é uma amostra do social e, portanto, todas as dificuldades que o cliente tem a nível das relações interpessoais lá fora tendem a aparecer em maior ou menor intensidade dentro do grupo. Por exemplo, um cliente que tenha dificuldade de lidar com uma pessoa queixosa vai ter obviamente dificuldade com a pessoa que apresente traços mais queixosos dentro do grupo. Ou um cliente que tenha dificuldade no trato com pessoa autoritária vai também ter dificuldade com a pessoa que tenha traços de personalidade mais autoritários dentro do grupo. Em vez de ser ruim, o aparecimento dessas dificuldades é extremamente benéfico, pois possibilita um trabalho psicoterapêutico em cima dessa dificuldade. No social, freqüentemente, ao se defrontar com esse tipo de dificuldade, o indivíduo acaba se afastando da pessoa, dissimula, ou então acaba por romper relações. Dentro da terapia de grupo, qualquer uma dessas situações é impossível, obrigando o cliente a ter que realmente se confrontar com essa pessoa e, com isso, poder avaliar o que acontece por trás desse traço que tanto o incomoda na pessoa quanto em si mesmo. Uma vez deslindada essa situação e, uma vez que o cliente aprenda a lidar com esses traços, fora e dentro de si mesmo, ele passa automaticamente a aprender a lidar com todas as pessoas que apresentem esse traço lá fora.

2) Obviamente os conflitos das pessoas são exteriorizados de formas bastante diferentes e pessoais. É freqüente o questionamento clássico do cliente, quando diz: "Eu não tenho nada a ver com esses problemas de mãe e filho. Eu não sou nem casado!" Ou então:

106

"Eu não tenho problema com chefe, pois eu trabalho de forma autônoma" etc. Obviamente, esses questionamentos são válidos, em parte, pois na verdade o que torna possível a terapia em grupo não é a semelhança dos problemas apresentados, pois estes, como já disse, são individuais e extremamente pessoais, mas sim o fato de que qualquer tipo de problema está vinculado a um conflito que, por sua vez, está vinculado a um núcleo afetivo básico e os núcleos de afeto básicos são características intrínsecas de todo ser humano. Por exemplo, ao abordar um assunto com o chefe, este assunto pode estar ligado a uma sensação de medo, mesmo que todas as pessoas do grupo não tenham chefe, seguramente têm medo de alguma coisa; ou então, ao abordar uma relação mãe-filho, mesmo que todas as pessoas sejam solteiras e não tenham filhos, de uma certa forma já foram filhos e, por outro lado, se essa relação está ligada a um núcleo básico de sensação de abandono, todas as pessoas têm um núcleo básico ligado à sensação de abandono, de raiva, de inveja ou de ciúme etc. Portanto, a ligação que se estabelece numa terapia de grupo não é a nível dos problemas exteriorizados mas sim dos núcleos de afeto vinculados a esses problemas. Uma vez trabalhado qualquer tipo de problema, trabalha-se o núcleo de afeto a ele ligado. Portanto, muitas vezes o indivíduo trabalha um núcleo de afeto e nem se dá conta de que está trabalhando, pois na escolha do protagonista os elementos do grupo engajam seus núcleos de afeto semelhantes ao núcleo de afeto mobilizado pelo trabalho desse cliente. E se trata junto. Esse é o principal fator que acaba por produzir modificações no indivíduo sem que ele se dê conta por que está acontecendo.

3) São as modificações que acabam ocorrendo quando o cliente é protagonista de uma sessão, onde então ele não só vivencia seus problemas e seus núcleos afetivos ligados a ele como também entende freqüentemente o por que desse comportamento.

Procuro fazer esse contrato e dar essas explicações para o indivíduo sozinho porque julgo que esse compromisso é mais comigo e que em momento oportuno pode ser discutido em grupo, se houver necessidade, passando então ao início da terapia grupal propriamente dita.

Psicodrama de grupo

Os grupos em psicodrama obedecem a quatro configurações básicas, que são fundamentais para o estabelecimento do clima terapêutico, que vai funcionar como rede de sustentação para a pesquisa intrapsíquica dos clientes.

107

Configuração básica do grupo

Considerando-se um grupo de sete elementos, para efeito de exemplo, a configuração básica é a de que todos os elementos estão ligados ao terapeuta.

Essa configuração básica, como o nome já diz, é obrigatória se estabelecer o início de uma terapia de grupo, isto é, cada cliente tem que ter estabelecido um vínculo com o terapeuta. Portanto, no processo de formação de grupo em consultório esse vínculo, às vezes, já é bastante intenso pois muitas vezes os clientes já participam de tempo de terapia individual. Nos casos em que o cliente vai diretamente para grupo, é fundamental que o terapeuta tenha pelo menos uma entrevista individual ou mais, para poder estabelecer um vínculo entre ele e o seu cliente. Portanto, na configuração basal de grupo a sustentação sempre é o terapeuta. Em outras palavras, quando se entra nessa fase, o protagonista é o terapeuta e qualquer outro cliente que nessa fase se arvore em protagonista será, na verdade, pseudo-protagonista. É uma fase em que o terapeuta tem que ser mais atuante, mais diretivo e não esperar muito que o grupo tome decisões. A configuração basal de grupo aparece com freqüência quando o grupo entra em fortes defesas, em situações de muito medo, às vezes nas mudanças de fase da terapia de grupo (que falarei mais adiante) e aparece fortemente nos momentos que precedem a catarse de integração. São fases em que cabe ao terapeuta assumir realmente o papel de diretor e de líder do grupo, assumindo um papel de protagonista e podendo liderar o grupo nessa situação. Nessa fase a continência grupal fica muitas vezes quase que exclusivamente por conta da estrutura psicológica do terapeuta.

Integração

A fase de integração é a fase seguinte à de configuração básica e se caracteriza ao mesmo tempo em que o terapeuta continua o centro e protagonista do grupo; este grupo inicia o estabelecimento de vínculos entre seus elementos, mas são vínculos que ainda dependem da proteção ou da presença do terapeuta. É comum nessa fase se falar para o terapeuta sobre o colega que está sentado ao lado em vez de se falar diretamente com ele. O terapeuta passa a exercer a função de facilitador ou de objeto intermediário entre as relações dos elementos do grupo. Essa é uma fase em que se inicia a estruturação do clima terapêutico, podendo se iniciar as primeiras trocas de confidências e também as primeiras comparações entre o pensar, sentir e perceber, isto é, entre as filosofias, crenças, sensações, desejos, entendimentos, percepções dos vários elementos do grupo.

Nessa fase aparecem os primeiros materiais terapêuticos. Não é ainda uma fase boa para se iniciar dramatizações, pois embora o grupo esteja se integrando e o clima terapêutico já esteja sendo estabelecido, o grupo ainda não é continente para suportar um protagonista, sendo conveniente, se possível, trabalhar-se com o grupo como um todo, onde todos os elementos participem e não só com um protagonista. Às vezes é impossível evitar o trabalho com algum protagonista que se jogue dentro da sessão; nesses casos o trabalho deve ser feito mas é freqüentemente um trabalho a nível de corredor cliente-terapeuta, com assistência do grupo e não com intensa participação. É um emergente não do grupo mas sim um emergente de si próprio, mais centrado na relação com o terapeuta ou com as figuras projetadas nele do que realmente um emergente do clima grupal. Nesse trabalho a continência ocorre por conta do terapeuta e muito pouco por conta do grupo.

INTEGRAÇÃO DO GRUPO

Circularização

Nesta fase de circularização, a configuração passa a sofrer uma forte modificação.

É a fase em que o grupo pode trocar confidências entre si sem o auxílio direto do terapeuta e mesmo sem a presença deste. Embora todos os clientes continuem mantendo um vínculo individual com o terapeuta, podem também estruturar os seus vínculos com os elementos do grupo na presença ou não do terapeuta.

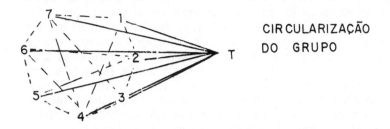

CIRCULARIZAÇÃO
DO GRUPO

É a fase em que o grupo se liberta um pouco do terapeuta e passa a se tratar entre si; caracteriza-se então, realmente, num grupo de psicoterapia. É uma fase boa em que o terapeuta pode deixar de ser o condutor para acompanhar o desenrolar do grupo, intervindo quando necessário ou quando solicitado. Nessa fase o clima terapêutico já está bastante estabelecido e as pessoas sentem-se à vontade para trazer materiais íntimos, compará-los, discutir sobre eles etc. É uma fase que já é possível o trabalho de boa qualidade com o protagonista, pois este não trabalhará mais só na relação com o terapeuta, mas sim sendo um porta-voz de uma dinâmica de grupo e, portanto, ganhando respaldo de todos os elementos do grupo. Esse respaldo chama-se caixa de ressonância afetiva. E nada mais é do que, junto a todos os núcleos afetivos mobilizados pelo cliente se somam os núcleos afetivos dos participantes do grupo que estarão ligados com o cliente dando, geralmente, grande força dramática ao trabalho. A rede de sustentação afetiva que esta configuração oferece permite que o cliente possa se exteriorizar, com bom grau de profundidade. Nesta fase, embora a rede de sustentação afetiva seja boa é muito difícil a escolha do protagonista, a não ser que este venha extremamente carregado e pelo seu estado emocional praticamente se imponha como protagonista.

Hierarquização

Uma vez circularizado o grupo, a configuração seguinte é a hierarquização.

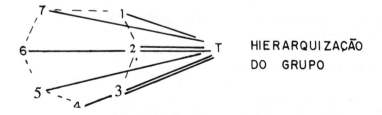

HIERARQUIZAÇÃO
DO GRUPO

É a fase ótima do grupo, em que as pessoas, uma vez integradas e circularizadas conseguem, sem a ajuda do terapeuta, começar a estabelecer um grau de importância e de liderança dentro do grupo. É a fase em que o grupo se organiza e se torna bastante operativo. A hierarquização de um grupo é fundamental para a escolha do protagonista.

Essa hierarquização é dinâmica e não fixa e diversos elementos vão ocupar posição de liderança, dependendo da fase em que o grupo se encontre. Essa liderança, na verdade, está baseada no grau de continência que determinados indivíduos vão oferecer nas diversas fases da terapia, cabendo a eles ou puxarem o processo psicoterapêutico ou, então, sendo os elementos que de alguma maneira decidem a escolha do protagonista e mesmo a direção da sessão. Nesta fase costumo dizer que o grupo se trata sozinho, quase que independentemente da presença do terapeuta, cabendo a este mais orientar e promover as dramatizações do que realmente interferir na escolha do protagonista ou do tipo de sessão. É freqüente, nesta fase, o grupo entrar na sala já com o protagonista escolhido na sala de espera, ou demorar pouco tempo para definir quem vai trabalhar, se vai ser uma sessão de jogos grupais ou se vão trabalhar alguém especificamente, e que tipo de assunto. É uma fase extremamente produtiva do grupo, em que se trabalha bastante, com protagonista individual, não necessitando muito de trabalho de dinâmica de grupo. O trabalho com protagonista individual é baseado na pesquisa intrapsíquica já referida no cap. V.

Em resumo, os grupos de psicodrama obedecem a quatro configurações, que se seguem. Configuração básica de grupo; integração; circularização e hierarquização, sendo esta última a configuração ideal para o trabalho de grupo. Conforme as fases, um grupo já hierarquizado pode voltar a qualquer fase anterior, sendo nessa situação necessária a intervenção direta do terapeuta para se trabalhar as motivações da recuada e a volta a uma configuração. Falarei sobre isso mais adiante.

Fases da psicoterapia de grupo

Uma vez integrado, circularizado e hierarquizado, esse grupo passa a ter uma dinâmica própria que é a resultante dos elementos do grupo. Essas fases podem, grosso modo, ser divididas em fase de ingeridor, de defecador, de urinador e em fase de caótico e indiferenciado. O grupo se inicia de forma desorganizada e com os trabalhos grupais começa a se organizar nas configurações já referidas, de integração, circularização e hierarquização. Essas configurações vão tornar possível e evidente um determinado tipo de clima, que vai ser o clima

111

determinante dos tipos de trabalho e dos tipos de protagonista que vão aparecer. Processando pelo Núcleo do Eu, à primeira fase do grupo chamarei de fase de ingeridor do grupo.

Fase de ingeridor do grupo

Esta é a fase onde o clima predominante é estabelecido pelos ingeridores. No processo de hierarquização, as lideranças serão de indivíduos ingeridores, sendo, portanto, os indivíduos que vão dar continência a essa fase de grupo. São eles que vão se lançar mais como protagonistas, vão dar clima à sessão ou decidirão, de alguma forma, quem serão os outros protagonistas. A liderança está nas mãos dos ingeridores e o grupo obedece, como um todo, a um padrão ingeridor. *São características desta fase o esperar que a solução dos problemas venha de fora e não de dentro de si.*

É uma fase em que o grupo se caracteriza por solicitar muito do terapeuta para que este dê orientação ou qualquer tipo de solução aos problemas encontrados. É característica dessa fase que a solução dos problemas individuais e grupais estejam sempre fora do grupo. O problema está com o meu marido, com o meu filho, com a minha mãe, com o meu pai, com o meu chefe etc. Não é uma fase introspectiva, pois pelo contrário, o grupo tende a estar extrovertido e esperando que alguém tome as devidas providências e cuidados para que os elementos se sintam aliviados.

A responsabilidade de procurar soluções está sempre no outro. É uma fase em que o grupo passa por momentos de pedir soluções, de se frustrar com o não aparecimento destas, de aparecerem insatisfações, reclamações e até exigências a respeito de que os outros encontrem as soluções. É freqüente nessa fase se solicitar, pedir, reclamar, cobrar e até exigir do terapeuta que realmente solucione o mal-estar interno dos seus clientes e do próprio grupo. Aparecem, com freqüência defesas do tipo conversivas e do tipo fóbicas e contrafóbicas.

A fase de ingeridor do grupo vai durar um determinado tempo, que vai depender, entre outros fatores, do número de ingeridores do grupo e da habilidade do terapeuta. Nessa fase se vai trabalhar principalmente as dificuldades do modelo de ingeridor, isto é, as dificuldades nos mecanismos de incorporação e de satisfação ou insatisfação com a incorporação de conteúdos externos para o meio interno.

Fase de defecador no grupo

A fase de defecador segue ao final da fase de ingeridor; muda-se o clima do grupo e, portanto, necessita-se de uma re-hierarquização dos elementos do grupo. Passam a exercer função de liderança os defecadores, que vão ser os principais responsáveis pelo estabelecimento de um clima de defecador, tanto como serão os principais protagonistas ou então quem, de alguma forma, definirá os protagonistas e os rumos das sessões.

É uma fase em que o grupo deixa de solicitar tanto o terapeuta como na de ingeridor e passa a exteriorizar seus conteúdos internos. Não se procura mais solução fora de si e sim começa a existir um clima de revisão e de interiorização, onde a procura das soluções está dentro de si mesmo. A sessão passa a ser predominantemente de depositação de conteúdos e começa a ser rica em *insights*, uma fase em que o terapeuta fica até um pouco marginalizado, pois cabe a ele mais receber os conteúdos internos do que realmente propiciar soluções. São fases que se caracterizam por elaboração, por oposição à autoridade, por onipotências, quebras de regras, afirmação de direitos. O grupo trabalha, portanto, numa relação de dominante-dominado, de luta. Durante o clima de defecador é freqüente o aparecimento das defesas de atuação e das defesas depressivas, trabalhando principalmente nos mecanismos de criação, elaboração, expressão e comunicação dos conteúdos internos para o meio exterior. É uma fase em que o grupo tende a andar sozinho, prescindindo da ação do terapeuta, freqüentemente de maneira até ostensiva, embora no fundo ainda esteja inseguro na caminhada.

O terapeuta necessita de grande habilidade nessa fase para não se impor como autoridade, pois ao mesmo tempo em que o grupo lhe convida a ser autoridade, está preparado para se opor a ele à medida que assume esse papel. Geralmente, as dramatizações nessa fase são extremamente emotivas e seguidas de grandes espaços de elaboração. É a fase em que o grupo deixa de ser educado e passam a se desenvolver os primeiros confrontos entre os seus elementos e a se estabelecer um clima de maior franqueza entre as pessoas. Uma das características gerais da fase de defecador é um questionamento das estruturas formais com a conseqüente quebra de vários tabus ou normas internalizadas.

Fase de urinador do grupo

A fase de urinador segue a fase de defecador e se caracteriza principalmente por ser uma fase em que se estabelece uma reorganização dos valores quebrados na fase anterior, mas uma reorganização vinda de dentro para fora e não de fora para dentro, como foi abordado.

A fase de urinador se caracteriza por um grupo já mais amadurecido, em que se trabalha basicamente as fantasias, devaneios, sonhos e planejamentos estreitamente ligados à exteriorização de desejos contidos. É freqüentemente uma fase em que o grupo entra num alto grau de intimidade, podendo comunicar desejos íntimos das mais variadas espécies e inicia um processo de execução desses desejos. O clima de urinador, ao contrário do de defecador, que é pesado, é um clima leve, mas que pode ser carregado de muita tensão, precedendo as execuções. As dramatizações são menos freqüentes e surgem com mais intensidade defesas e boicotes conscientes, pois na conscientização e conseqüente execução de desejos contidos correm mais risco de modificar os projetos de vida antes estabelecidos.

É freqüente o aparecimento, na fase de urinador, de defesas obsessivas no grupo, tanto no tocante a idéias como a comportamentos (rituais). É uma fase em que o terapeuta não mais é solicitado como no ingeridor como detentor de soluções nem tampouco como na fase de defecador, como responsáveis por colocar limites e exercer autoridade. Na fase de urinador o terapeuta é freqüentemente solicitado no papel de juiz entre o certo e o errado, o dever e o prazer, o querer e o dever etc. É fundamental que o terapeuta não faça esse complementar interno patológico e passe a fazer com que os elementos do grupo e o grupo como um todo possa estabelecer as regras e ser juiz de si mesmo.

A fase de urinador vai preceder freqüentemente o aparecimento da catarse de integração. É uma fase mais profunda, em que o grupo inteiro está bastante bem-circularizado e hierarquizado e com alto grau de continência para as ditas vivências de "loucura".

Fase de caótico e indiferenciado do grupo

Uma vez passado pelas fases de ingeridor, defecador e urinador, onde ao mesmo tempo se trabalha os conteúdos presentes nas diversas áreas e os diversos modelos, trabalha-se principalmente as defesas mobilizadas pelo aparecimento desse tipo de material. A fase de caótico e indiferenciado vai ser a fase onde o nível de parte sadia já está bem-estabelecido, não sendo mais necessário ou muito pouco necessária a mobilização de defesas intrapsíquicas. O grupo trabalha num nível mais profundo e que são características gerais das patologias psicológicas: perda parcial de identidade; sensação basal de incompleto; sensação basal de insegurança; e sensação basal de medo. Estes serão os temas presentes nessa fase, que vai lidar basicamente com as vivências registradas nas zonas de psiquismo caótico e indiferenciado, produzindo as catarses de integração.

É a fase mais difícil da terapia de grupo, onde o terapeuta, às vezes, tem que dar continência ao grupo inteiro dentro de sua estrutura psicológica. É comum nessa fase que uma vez iniciada a catarse de integração com um elemento ocorra o mesmo fenômeno com vários outros clientes, podendo, às vezes, ocorrer até com o grupo todo num período pequeno de dois a três meses. São fases de intensa mobilização dos afetos, de grandes descobertas e de intensa mudança das pessoas e do grupo. O grupo se torna nesta fase extremamente autodependente, o grau de confiança é enorme, suportando as vivências de loucura a que cada um vai se submeter. É uma fase que precede o final da terapia.

Dinâmica do grupo

Conforme já foi demonstrado, o psicodrama de grupo apresenta três movimentos distintos e integrados. O primeiro relacionado às configurações básicas do grupo, que são: configuração básica, integração, circularização e hierarquização. Segundo, fases do grupo, dividida em fase de ingeridor, de defecador, de urinador e de caótico e indiferenciado. E terceiro, pesquisa intrapsíquica, que vai se dar conforme já descrito no capítulo V.

Portanto, em resumo, pode-se traçar a seguinte seqüência de uma terapia de grupo.

Essa seria uma forma simplificada da dinâmica de um grupo de psicodrama. Como já visto, o trabalho das configurações basais, tanto na mudança de fase como na presença de defesas intrapsíquicas ou de defesas conscientes, obriga o terapeuta a assumir uma posição mais firme de liderança para ajudar o grupo a transpor esses obstáculos. Esse trabalho é fundamental pois, se não for feito, tende a alterar, às vezes até quebrar, o clima terapêutico estabelecido. O grupo, na configuração ótima, isto é, hierarquizado e também com o clima terapêutico estabelecido, facilita extremamente a pesquisa intrapsíquica e apresenta um grande rendimento.

Pretendo num próximo trabalho apresentar uma melhor sistematização com detalhamento dos jogos dramáticos indicados para cada fase como também o manejo das diferentes defesas intrapsíquicas assim como também das defesas conscientes.

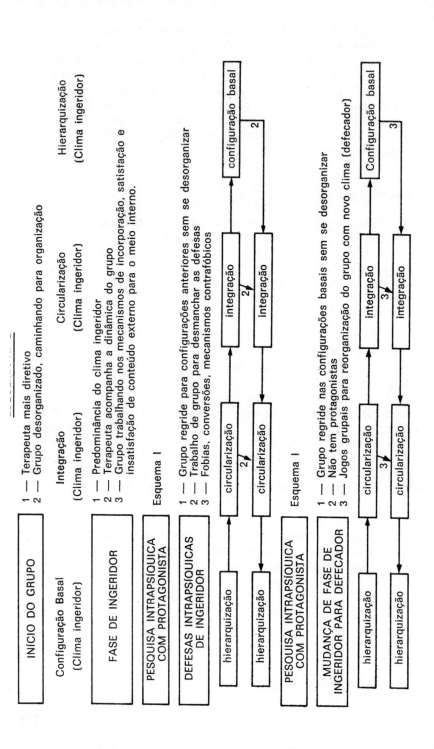

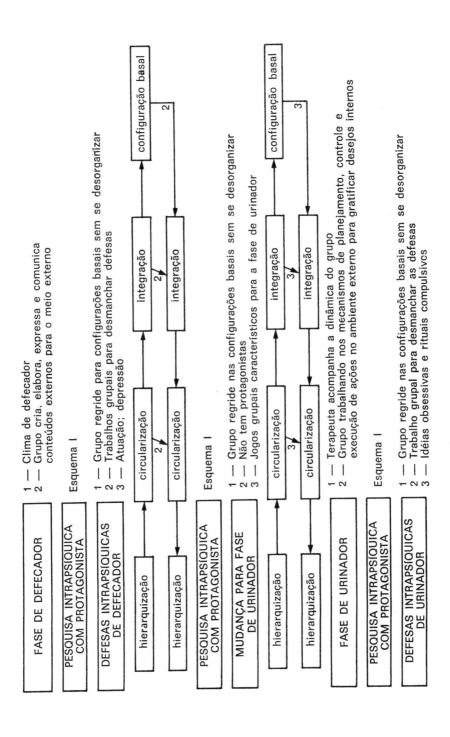

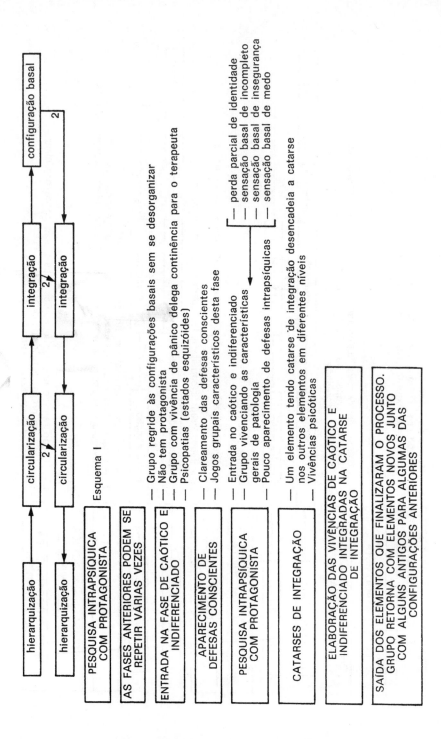

CAPÍTULO VIII

Vivência do psiquismo caótico e indiferenciado

A vivência, integração e organização das zonas de psiquismo caótico e indiferenciado é o objetivo principal da psicoterapia, pois é ela que possibilita o real amadurecimento psicológico que o cliente está buscando. Essa vivência do psiquismo caótico e indiferenciado é uma vivência cenestésica forte, que não está integrada nos parâmetros psíquicos do indivíduo, permanecendo, freqüentemente, como uma vivência paralela.

Para haver a identificação e posterior integração e organização é necessário um determinado grau de autoconhecimento que permite identificar a ligação dessa vivência com o psiquismo já organizado e diferenciado. O vivenciar o psiquismo caótico e indiferenciado é amedrontador pois é uma vivência sem controle e sem parâmetros do psiquismo ordenado, em outras palavras, é uma vivência de loucura.

A simples vivência do psiquismo caótico e indiferenciado, embora não seja resolutiva pois falta a identificação e a integração dentro da estrutura psíquica organizada, é um primeiro passo para a sua posterior integração e organização. Faz com que o cliente perca um pouco o medo da loucura e facilita sua elucidação e integração. É comum o cliente, ao chegar na psicoterapia, já ter vivenciado inúmeras vezes as sensações do psiquismo caótico e indiferenciado (pesadelos, vivências caóticas, estranheza) como já mencionado no primeiro capítulo.

No capítulo V desenvolvi os passos essenciais para o manejo das defesas e abordagem dos fatos relacionados com o psiquismo caótico e indiferenciado, isto é, a relação com as figuras e situações de mundo interno. As vivências do nunca vivido, a integração da sensação de estranheza sem angústia e a organização dessas zonas com a conseqüente descoberta de novas propostas frente ao mundo externo. Esses passos podem ser bastante facilitados se proporcionarmos ao cliente vivências controladas de suas zonas de psiquismo

119

caótico e indiferenciado e, com isso, facilitarmos sua capacidade de integração dos fatores relacionados com os bloqueios na diferenciação desse psiquismo, como também diminuirmos grandemente o medo e as conseqüentes defesas oriundas desse medo de vivenciá-lo.

Para isso, pode-se lançar mão de algumas técnicas que permitem a vivência do psiquismo caótico e indiferenciado e muitas vezes até sua ligação, identificação e integração nas zonas de psiquismo ordenado e diferenciado. Isso não impede nem elimina a necessidade dos passos anteriores pois sem eles, mesmo que a vivência do psiquismo caótico e indiferenciado seja integrada, não é totalmente compreendida.

Essa integração mais precoce, entretanto, facilita, e muito, o trabalho das divisões internas e das relações de vida não-resolvida com as figuras de mundo interno.

Divido em três as principais técnicas de vivência do psiquismo caótico e indiferenciado que utilizo em psicodrama:

1) dramatização de sonhos — onirodrama;

2) psicodrama interno;

3) conscientização das sensações corporais.

Essas três técnicas permitem a vivência e a elucidação simbólica e parcial dos componentes ligados às zonas de psiquismo caótico e indiferenciado.

1) Onirodrama

Os sonhos e principalmente determinados sonhos têm grande importância na psicoterapia. À medida que existe um grande medo de entrar em contato com zonas de psiquismo caótico e indiferenciado mas, ao mesmo tempo, uma grande necessidade, pois são objeto do processo de busca, esse contato, freqüentemente, é feito espontaneamente pelo próprio cliente de forma simbólica nos sonhos. Portanto, os sonhos são vivências de afetos, de sensações presentes nas zonas de psiquismo caótico e indiferenciado mas que não encontram continência adequada para serem identificadas e muito menos integradas no referencial de identidade do cliente.

Essa falta de espaço se traduz inclusive pela dificuldade da estrutura consciente até em decodificar a simbologia utilizada. E, muitas vezes, mesmo identificada, ela é rejeitada por não existir uma maior compreensão de onde deve ser encaixada. Essas vivências permanecem como vivências paralelas e, freqüentemente, durante o processo de psicoterapia, acabam sendo integradas.

A dramatização dos sonhos (onirodrama) é uma tentativa de, partindo de um material simbólico originado do psiquismo caótico e indiferenciado, tentar conscientizá-lo, identificá-lo e integrá-lo dentro da estrutura consciente.

Exemplo: Sandra, 34 anos, com mecanismos de defesa do tipo obsessivo, casada, dois filhos, procurando a terapia por problemas conjugais e dificuldade de autocontrole. Faz psicodrama em grupo e traz o seguinte sonho:

Sandra relata que, freqüentemente, tem um sonho repetitivo, que consiste em estar descendo uma escada em caracol; à medida que vai descendo, vai também escurecendo; vai sentindo cada vez mais medo, até que esse medo faz com que pare num ponto da escada e acorde em pânico. Após relatar o sonho, Sandra é convidada a dramatizá-lo.

A cena é montada da seguinte maneira. Sandra fica parada no meio do palco psicodramático, de braços abertos e olhos fechados e começa lentamente a girar sobre si mesma, simbolizando estar descendo a escada. Ao mesmo tempo em que vai descendo essa escada simbólica, o terapeuta vai diminuindo a intensidade de luz na sala.

TERAPEUTA — Vá relatando o que está vendo dentro de sua cabeça, Sandra.

SANDRA — Estou descendo a escada e começa a ficar escuro. Estou começando a ter medo.

T — Continue descendo e não se incomode muito com seu medo.

S — Está mais escuro; estou com muito medo! (Começa a querer chorar, não consegue ir mais adiante.)

T — Então, venha um pouco para trás. (Sandra inverte as voltas, novamente ilumina-se um pouco a cena e ela pára de chorar.)

S — É um medo muito grande, semelhante ao que sinto no sonho.

T — Proponho que você desça novamente; se o medo ficar muito grande, volte para cima. (Sandra aceita e continua a descer. Está escuro de novo e o medo está aumentando.)

T — Pare no lugar onde está e tente ver ou intuir onde termina essa escada.

S — Acho que ela dá mais algumas voltas e termina no lugar que parece muito escuro.

T — Tente avançar um pouco mais.

S — (Muito amedrontada e chorando) Já estou vendo. É uma sala escura e não tem nada.

T — Tente olhar melhor, acalme-se um pouco e tente ver ou sentir alguma coisa.

S — Tem uma presença no fundo da sala. Acho que é um vulto. Estou com muito medo. (Começa a chorar novamente.)

T — Tenha calma e tente controlar-se um pouco. Veja como é esse vulto e me descreva.

S — Parece uma velha, está em pé com o rosto coberto por um pano preto. Parece uma bruxa.

Neste momento, sai-se da dramatização interna do sonho e coloca-se um ego auxiliar com um pano em cima da cabeça no fundo da sala, simbolizando esse vulto.

T — Tente olhar e me diga se isso lhe lembra alguma coisa.

S — Não. Não lembra nada e não estou mais com muito medo.

T — (Peço a Sandra que inverta papel com o ego auxiliar e a interrogo no papel de vulto.)

Sv — Eu não quero fazer mal a Sandra mas ela não pode me ver porque eu sou muito feia, mas muito feia mesmo e ela vai ficar muito chocada. É por isso que estou encoberta.

S — (Sandra volta ao seu papel e ouve o ego auxiliar repetir as suas palavras.) Eu não sei quem é mas me parece realmente uma pessoa muito feia, a pele é muito enrugada. É muito feia! (Começa novamente a se angustiar e sentir medo.)

T — (Peço novamente que inverta papel.)

Sv — (Ouve o ego auxiliar repetir as palavras. De repente dá um grito muito forte.) Esse vulto sou eu! (E começa a chorar muito, caída no chão.) Eu sou muito feia por dentro. Eu sinto muita inveja e sou muito egoísta. (Chora convulsivamente.)

Depois disso, Sandra diz que de alguma forma essa parte mais feia não lhe era totalmente desconhecida mas que nunca tivera coragem de assumi-la. Mais calma, Sandra diz que gostaria de abraçar o ego auxiliar que está no papel de vulto. Dá um longo e carinhoso abraço e termina a sessão.

Após essa dramatização, Sandra apresenta uma melhora e um desenvolvimento na psicoterapia bastante acentuados. Considero que a dramatização do sonho ajudou a integrar diretamente uma zona de psiquismo caótico e indiferenciado. Posteriormente, Sandra passou a organizar e diferenciar esse psiquismo incorporado.

Para estudar melhor o onirodrama, sugiro consultar o livro *Onirodrama, Contribuição dos Sonhos em Psicoterapia Psicodramática*, Fac. Med. USP, 1981, de J. R. A. S. Wolff.

2) *Psicodrama interno*

Psicodrama interno é uma técnica desenvolvida por mim e por Fonseca Filho, apresentada pela primeira vez no II Congresso Brasileiro de Psicodrama, realizado em Canela, no Rio Grande do Sul. O meu desenvolvimento em psicodrama interno partiu da terapia de imagens ativadas, já mencionadas por Jung. Fonseca Filho partiu mais da terapia por imagens internas, oriundas da Gestalt-terapia.

O psicodrama interno é uma técnica pela qual se consegue produzir no cliente uma seqüência de imagens que vão surgindo em sua mente de uma forma sem controle e vão se desencadeando, produzindo quase que um sonho, embora o cliente esteja acordado. Costumo trabalhar essas imagens segundo os princípios do duplo espelho e inversão de papéis. Consegue-se, desta forma, não só penetrar na realidade simbólica do psiquismo caótico e indiferenciado como também identificar as relações entre as imagens simbólicas.

No início, Fonseca Filho costumava utilizar-se das técnicas mais clássicas do psicodrama. De minha parte fui canalizando cada vez mais o trabalho por não utilizar-me das técnicas psicodramáticas, mas partindo do princípio de que o cliente é, ao mesmo tempo, todas as imagens presentes e, portanto, não existe necessidade de inversão de papéis. Apenas dou vazão às imagens, possibilitando que ele viva e faça no seu interior as ações desejadas, criando para isso um clima de continência, muitas vezes, próximo da magia. Com o passar do tempo e na troca de experiências entre eu e Fonseca Filho, acabamos por criar um psicodrama interno que é um misto desses dois enfoques. Vou citar alguns exemplos.

— Exemplo 1

Zilda é uma moça de 36 anos, solteira, profissional liberal, que faz psicodrama comigo em grupo há mais ou menos quatro anos. Esse exemplo é de um trabalho feito em psicodrama interno, abordando uma determinada zona de psiquismo caótico e indiferenciado que na psicopatologia clássica agiria como um núcleo paranóide. O trabalho desse núcleo no psicodrama interno foi feito em duas sessões, com intervalo de um ano.

Primeira sessão, 1979. É uma sessão de grupo em que estão presentes seis elementos do grupo juntamente com o terapeuta e o ego auxiliar. Nessa sessão foi proposto um jogo dramático para integração de dois elementos novos que estavam entrando no grupo. O jogo consistia num reconhecimento da sala, dos objetos e mesmo dos integrantes por meio de toques, com a sala sendo escurecida gradativamente. Durante o jogo, com a sala escurecida, Zilda começou a chorar; no início, mansa, depois, de forma convulsiva. Após iluminada a sala, Zilda consegue descrever sua vivência, entre soluços, para o terapeuta.

ZILDA — Senti claramente como se a mão do Carlos (elemento novo que estava entrando no grupo) estivesse me penetrando pela vagina, atravessando meu útero e estômago e tentando sair pela minha boca.

A pedido do terapeuta, Carlos mostra sua mão para Zilda, que novamente grita, chora, sentindo a mesma sensação.

Nesse momento, encaro que Zilda está tendo uma vivência predominantemente interna a nível de sensação cenestésica completamente desproporcional à vivência de ambiente externo, onde Carlos em nenhum momento tinha chegado a tocá-la. Essa é uma vivência de psiquismo caótico e indiferenciado.

Proponho, neste momento, uma dramatização clássica da situação com o objetivo de identificar e possivelmente aprofundar essa vivência, na tentativa de integrá-la ao psiquismo organizado e diferenciado o que é prontamente aceito por Zilda.

Durante a dramatização, que não vou descrever com detalhes, Zilda no papel de "mão de Carlos" penetra lentamente pela sua vagina, representada pela abertura entre uma almofada e o corpo do ego auxiliar. E arranca com grande sadismo o útero e o estômago de Zilda, os quais tritura até virar pó. Na inversão de papel, Zilda sente-se extremamente angustiada e, posteriormente, vai se sentindo morta. Na situação de morta, Zilda apresenta uma aparente calma, que na verdade leio como se fosse uma forte apatia, desinteresse e indiferença pelo caso.

No jogo de cena Zilda não consegue identificar essa mão com nenhuma mão conhecida. É apenas a mão. Desta forma, essa pesquisa intrapsíquica, embora ao nível de aquecimento bastante profundo, fica a nível da Fase II, isto é, vivência de uma sensação de conflito, não entrando claramente na divisão interna.

Proponho, e Zilda concorda, em recolocar os órgãos (previamente reidratados) para que ela possa viver de novo. Esse recolocar é feito por Zilda no papel de "mão de Carlos", que de uma forma muito carinhosa recoloca os órgãos. Na inversão de papel, Zilda no papel de Zilda mesmo, relata sentir-se calma e sem angústia, mas diz que continua se sentindo morta. Nesse momento, com a pesquisa estacionada a nível da Fase II proponho-me a pesquisar a zona de psiquismo caótico e indiferenciado pelo psicodrama interno, dando assim um salto e, graças à vivência do psicodrama interno, entrando na Fase IX da psicoterapia.

124

Zilda continua deitada e inicia o seguinte diálogo:

ZILDA — Sinto meu corpo leve e frio. Só minha cabeça é que está um pouco pesada.

TERAPEUTA — Tente concentrar a atenção no seu corpo e aumente essa sensação (técnica de maximização).

Z — Sinto meu corpo oco como se fosse um casulo, fica cada vez mais leve.

T — O que está acontecendo com seus órgãos?

Z — Estão se derretendo, meu corpo por dentro está se derretendo.

T — Vá me descrevendo como acontece isso.

Z — Sinto derreter tudo: estômago, útero, os músculos e agora os ossos estão se derretendo.

T — Deixe derreter e não se preocupe. Diga-me como está agora.

Z — Está tudo derretido, só tem a pele. É como se fosse uma bexiga cheia de ar.

T — O que você sente vontade de fazer?

Z — Tenho vontade de tirar todo o ar, espremer tudo para fora.

T — Faça isso e vá me contando.

Z — Estou espremendo a pele do corpo, espremendo como se fosse uma pasta de dentes usada.

T — Sinta o ar saindo e vá me contando como está ficando.

Z — Já espremi toda a pele; ficou gozado. A cabeça é enorme e tem um rolinho por baixo.

Nesse momento Zilda, que desde o início do psicodrama interno não havia demonstrado nenhuma emoção, começa a rir. É um riso que transmite uma forte sensação de irrealidade e angústia. Interpreto que Zilda está no limite de sua capacidade de controle consciente e proponho refazer o corpo, no que ela concorda. Peço a Zilda que desenrole a pele e solicito a colaboração do grupo para remodelar o corpo de Zilda. É feita uma massagem como se estivessem moldando o corpo e Zilda aproveita para dar algumas indicações; quer menos quadris e um pouquinho mais de seios.

Após essa sessão, Zilda apresenta nítidas melhoras. Inicia alguns contatos afetivos que estavam bloqueados, apresenta retomada de vida sexual, chega a engravidar e fazer um aborto.

Segunda sessão, março de 1980. Grupo com seis elementos e o terapeuta. Zilda inicia a sessão muito tensa, queixa-se de dor nos ombros e diz estar muito agressiva.

Chama a minha atenção que Zilda parece muito velha, os cabelos estão presos em coque, ela usa um vestido rosa muito claro e sapatos pretos fechados. Relata episódios onde se sente extremamente invadida por um vendedor de palitos de incenso num ônibus. O vendedor entrou no ônibus e começou a jogar palitos no colo de cada passageiro, voltando depois para tentar cobrar. Zilda relata ter chamado o moço e tê-lo obrigado a retirar os palitos do seu colo, à medida que não se sentia obrigada a comprá-los. Começa a se emocionar durante o relato e vai ficando cada vez mais desesperada. Relata que é como se os palitos de incenso estivessem, naquela hora, penetrando por todo o seu corpo. Começa a chorar e a gritar durante a sessão. Pergunto o que está acontecendo.

Z — Eu estou sentindo os olhos de todos vocês me atravessando o corpo. É horrível. (Choro convulsivo.) Zilda está nesse momento sentada numa poltrona e decido, neste momento, iniciar o psicodrama interno.

T — Deixe essa sensação continuar que eu vou me sentar próximo a você.

Z — (Chora muito e põe a mão na testa.) Sinto meu corpo todo sendo atravessado, penicado. (A voz se torna constrita.)

T — Diga-me o que está se passando em sua cabeça.

Z — Vou dizer. Sinto como se todos vocês estivessem com a mão fechada (faz o gesto), penetrando em minha vagina e subindo, subindo (grita como se estivesse realmente sendo atravessada e põe a mão na garganta) está tudo parado aqui, vou vomitar.

T — Tenha calma e não precisa ficar com medo. Se você quiser vomitar, pode vomitar aqui. (Entrego uma caixa de lenço para Zilda.)

Z — Tenho muita náusea.

T — Tem algo entalado em sua garganta que precisa sair.

Z — (Faz força mas só consegue cuspir um pouco de saliva.)

T — Saiu essa coisa?

Z — Não. Eu ainda sinto.

T — Quero que você ponha a mão em sua garganta e reproduza a sensação de entalado e vá me dizendo o que se passa em sua cabeça.

Z — (Obedece. Pranto.) É o meu útero. Ele está na minha garganta e me sufoca. É o meu útero. (Chora muito.)

T — Conte-me o que você sente.

Z — Tem algo lá. (Começa a movimentar a boca.)

126

T — O que você está sentindo?

Z — Estou sentindo gosto de sangue. É sangue de menstruação, está todo coagulado.

T — Sente o gosto?

Z — Não. Sinto o cheiro. É muito ruim.

T — É a sua menstruação?

Z — Não sei. O cheiro tem a cor da minha menstruação. É cor de vinho. (Pranto e sufoco.) Acho que vou vomitar.

T — O que você vai vomitar?

Z — Uma criança. Vai nascer pela minha boca. Quando eu era criança, acreditava que as crianças nasciam pela boca, eu não sabia por onde saíam. Agora é como se eu fosse vomitar uma criança. (Nesse momento, se acomoda e solta o corpo que até então estava retesado na poltrona.)

T — O que aconteceu?

Z — Saiu tudo. Estou vazia. Sinto que meu corpo não tem mais nada dentro. Não sinto nada. É horrível. (A voz é pastosa e não demonstra nenhuma emoção.)

T — Seu corpo está leve?

Z — Está oco, não tem mais nada dentro. (Parece hipnotizada.)

T — (Falando bem baixo.) Deixe seu corpo vazio e não tenha medo. Tente ver com os olhos de dentro da sua cabeça essa parte sua que saiu e me descreva.

Z — (Recostada na poltrona com um lenço sobre os olhos.) É o meu esqueleto. Eu vejo o meu esqueleto todo transparente. (Desdobramento eu-tu.)

T — Descreva o que você vê.

Z — A cabeça, o cérebro lá dentro, os ossinhos do pescoço, o pulmão, os quadris. Na barriga tem um buraco no lugar do sexo e do útero. O fêmur e os pés.

T — Como está esse esqueleto?

Z — Está balançando, tem dois fios de plástico segurando-o pelo ombro. Está pendurado pelo ombro. (Fala meio rindo, meio chorando. Noto que neste momento Zilda retoma a emoção que tinha desaparecido no momento de vomitar.)

T — O que acontece agora?

Z — Está vindo uma luz violeta de cima e entra pela cabeça. Está dissolvendo tudo! (Fala meio espantada.)

T — Deixe dissolver, não tenha medo mas me descreva tudo.

Z — Está dissolvendo o pulmão, a barriga, tudo.

T — Sobra algo?

Z — Sobrou o esqueleto, só um esqueleto velho e amarelo. (Desdobramento eu-tu.)

T — Você reconhece esse esqueleto como sendo seu?

Z — Não. É pequeno e velho, acho que é do bebê. (Refere-se ao aborto, começa a chorar.)

T — Mas esse esqueleto não é de criança.

Z — Tem razão, mas de quem poderia ser? (Está bastante intrigada.)

T — Olhe bem que você vai acabar descobrindo.

Z — Não é possível, é dela! (Grito.) É da minha avó Madalena. (Chora, grita e se encolhe na cadeira.)

T — Você está com medo?

Z — Sim, muito medo.

T — Monte sua avó no esqueleto.

Z — Os olhos têm ódio, são iguais ao olhar que eu sinto que me atravessava e igual ao meu olhar, às vezes. (Reconhecimento do Eu e do Tu.)

T — Deixe-me conversar um pouco com sua avó. Por que a senhora olha assim para sua neta?

Zₐ — (Falando no papel de avó.) Essas crianças não têm vergonha, não têm a menor educação. Vestem-se de forma indiscreta; esse mundo está muito perdido.

T — De quem a senhora está falando?

Zₐ — Desses meus netos, da Zilda, de todos eles.

T — Volte a ser você, Zilda, e olhe nos olhos dela.

Z — (Medo e choro.)

T — Isso lhe lembra alguma situação real da sua vida?

Z — Uma vez eu peguei a nata de leite que minha avó deixava na beira do fogão e comi porque gostava muito. Ela ficou muito brava e me olhou com muito ódio. Pensei que fosse jogar o leite quente em mim. Pensei que pudesse me matar. Estou com náusea, vou vomitar.

T — Parece que essa nata ainda está no seu estômago. Diga para sua avó o que você tem vontade de dizer.

128

Z — Sua falsa moralista, você é uma farsa. (Grita com raiva.) Você teve filho com um padre, você traiu seu marido no quarto ao lado em que ele dormia e ele nunca teve coragem de reagir. Ninguém reage, todo mundo tem medo de você, sua despudorada. E vem pregar moral! Você acabou com a vida dos seus filhos, da minha mãe, sua puta. É isso que você é. Seu filho tem a cara do padre e ninguém tem coragem de falar isso. Puta, puta, puta! Eu lhe odeio.

T — Você a odeia?

Z — Ela controlava a família toda.

T — O que ela está fazendo agora?

Z — Ela está virando as costas e indo embora.

T — Você ainda quer falar algo com ela?

Z — Não. Eu a desprezo.

Peço que Zilda volte lentamente ao contato conosco. Ela se mostra calma, embora um pouco assustada com uma vivência tão profunda. O grupo também está assustado. Após essa sessão, Zilda apresenta nítida melhora na terapia e volta e meia suas dramatizações são integradas a essas vivências do psicodrama interno.

Nesse trabalho Zilda teve um catarse de integração, pois não só vivenciou como identificou e integrou uma zona de psiquismo caótico e indiferenciado.

— Exemplo 2

Diva, 40 anos, faz terapia em grupo há mais ou menos quatro anos. Vem trabalhando um pouco numa linha de liberação de rígidos conceitos morais, principalmente na linha sexual. Dores psicogênicas por todo o corpo, tem muita dificuldade de atingir orgasmo. Esse psicodrama interno aconteceu numa sessão individual que Diva solicitou, embora sua terapia principal seja em grupo. Acusa sensível melhora mas tem uma coisa que tem vergonha de comentar no grupo.

DIVA — Eu estava tendo uma relação sexual com meu marido. Estou muito mais livre do que antigamente, estava muito bom mas, quando ia atingir o orgasmo, tive uma espécie de tontura e vi um homenzinho no meio das minhas pernas.

TERAPEUTA — Como era ele?

D — Era pequeno, mais ou menos 40 cm e tinha um capuz da Ku-Klux-Klan e um "colant" vermelho. Eu estou muito assustada. Isso é loucura? Diga-me o que é isso.

T — Eu ainda não sei o que é mas podemos descobrir. Proponho que você relaxe na poltrona, reviva esse momento e converse comigo.

D — (Obedece.) Estou vendo-o no meio de minhas pernas. É muito nítido.

T — Olhe bem e me dê os detalhes.

D — Tem um capuz, o "colant" vermelho e preto e tem dois olhos pretos e vivos.

T — Olhe os olhos dele e me descreva o que lê neles.

D — São vivos, perspicazes e estão me vigiando.

T — Existe censura neles?

D — Não. Só vigiam e brilham muito.

T — Gostaria de conversar com ele. Diga-me, homenzinho, o que você faz no meio das pernas da Diva?

D$_h$ — (Diva no papel de homenzinho). Eu a vigio.

T — Por que você a vigia?

D$_h$ — Ela não pode ter prazer. Eu estou aqui há muito tempo mas ela nunca me viu. Só hoje eu apareci.

T — Por que razão você apareceu hoje?

D$_h$ — Eu me descuidei e ela me viu, mas eu não tenho medo. Vou dominá-la novamente e não vou deixá-la ter prazer.

T — Responda como Diva.

D — É isso mesmo que você faz. Você nunca me deixa ter prazer, mas eu vou conseguir.

T — Inverta papel.

D$_h$ — Vai nada. Você está apavorada e eu não vou deixar.

D — Estou mesmo. Estou apavorada. (Começa a demonstrar sinais de medo.)

T — O que está lhe ocorrendo agora?

D — Estou me lembrando dos bichos que imagino. Estou começando a ficar com medo. Acho que esse homenzinho tem algo a ver com isso. (Diva freqüentemente imagina bichos roçando seu calcanhar e canela.)

T — Olhe novamente para ele e tente descobrir mais alguma coisa.

D — Ele continua aí. Me olhando, me vigiando. Eu não tenho condições de tirar ele daqui.

130

T — Inverta papel. O que você pretende, homenzinho?

D$_h$ — Eu não vou deixar ela ter prazer.

T — Por quê?

D$_h$ — Porque ela tem que pagar. Ela tem um marido ótimo, filhos saudáveis, boa situação econômica. Não é justo. Ela tem que pagar por isso.

T — E o pagamento é esse, não pode ter prazer sexual?

D$_h$ — É isso mesmo. É um sacrifício que ela tem que fazer, como os que ela fazia quando estava na escola.

D — (Volta a seu papel espontaneamente.) É verdade. (Surpresa.) Eu fazia muitos sacrifícios quando era menina. Tinha sede e deixava de tomar água, tinha fome e não comia; oferecia um sacrifício a Deus. Eu havia me esquecido completamente disso.

T — Quem disse que não ter prazer é um sacrifício?

D — Eu acho que é. (Espontaneamente, Diva volta ao papel de homenzinho.)

D$_h$ — Ela tem que pagar pelo que tem de bom.

T — Diga-me, homenzinho, agora que já sabemos suas intenções e objetivo, o que você quer em troca para liberar o prazer sexual de Diva?

D — (Grita.) Não! Não, isso é impossível.

T — Responda-me como homenzinho.

D$_h$ — Eu quero que ela fique doente.

D — (Muito agitada, angustiada e perplexa.) Não! É impossível.

T — Onde você quer que ela fique doente?

D$_h$ — No seio. Quero que ela tenha câncer no seio. Quero destruir os seios dela.

T — Por que nos seios?

D$_h$ — Porque é onde ela sente mais prazer.

D — (Espontaneamente.) É verdade. Eu gosto muito quando meu marido acaricia os seios, mas isso é monstruoso, é horrível.

T — Inverta. Então, homenzinho, essa é a sua proposta? Olhe para ele e veja se descobre algo.

D — Não consigo. Ele está encapuzado.

T — Reúna suas formas e tire o capuz dele.

D — (Dá um grito. Fecha a mão, contraindo fortemente os olhos.) Não! É horrível!

T — Fique calma, não vai acontecer nada mas diga-me o que está vendo.

D — Ele é muito feio, é horroroso..

T — Descreva.

D — É corcunda, tem um rosto mau, cabelos espetados e um nariz — oh, meu Deus — o nariz é horrível. Enorme, pontudo, os olhos pretos. Ai, que coisa feia.

T — Como ele está vestido?

D — Com uma roupa marrom, parece um homem medieval.

T — Onde ele está?

D — Está por todo lado, não está mais no meio das minhas pernas e está maior também.

T — Olhe para ele e diga-me o que pode descobrir mais a respeito.

D — Ele é mau. Feio e mau. Tem uma alma negra e suja.

T — Como é uma alma negra e suja?

D — Ruim, suja, cheia de inveja, de ódio. (Diva se transforma falando assim.)

T — Como é sexo para ele?

D — É sacana. Ele quer machucar as pessoas, é sádico, perverso.

T — Inverta papel.

D$_h$ — Eu sou assim porque eu fui muito rejeitado. Nunca ninguém liga nem olha para mim. Nunca tive amor de ninguém.

D — (Espontaneamente.) Mas você é muito feio e muito mau. Não merece. É mau, tem ódio, inveja, é perverso.

T — Olhe para ele agora.

D — (Grita.) É o diabo. Eu estou vendo o diabo, tem até chifres. (Está assustada e perplexa.)

T — Tenha calma e me diga o que vê.

D — É um diabo todo vermelho, tem um garfo na mão. Estou com medo dele. Ele está rindo para mim.

T — Inverta. Por que você está rindo para Diva, diabo?

D$_d$ — Porque eu gosto de assustá-la. Gosto de vê-la com medo. Sou muito poderoso.

T — Inverta. O que você me diz?

D — É. Ele é muito poderoso e tenho mesmo muito medo.

T — Você nunca sente as coisas que ele sente? Inveja, ódio, sadismo, sacanagem?

D — Sinto. Eu também sinto.

T — Diga isto para ele.

D — Diabo, eu também sinto inveja, ódio, sadismo, e vontade de ser sacana.

T — Olhe para ele e me diga como ele está.

D — Ele está enorme, todo vermelho, feito de fogo. É até bonito.

T — Inverta. Você ouviu, diabo?

D_d — Essa moça está muito diferente, mas ela vai para o caldeirão, vai cozinhar no fogo do inferno e vou espetá-la com meu garfo.

T — Tem alguém da família dela na sua lista?

D_d — Ah, ah, ah. O velho Silva (pai de Diva) já está aqui há muito tempo.

D — É, meu pai deve se entender muito bem com ele, mas eu não vou.

T — Você ainda está com muito medo?

D — Não. Ele está bonito, é enorme. Todo vermelho. Só que ele está de lado, não quer virar de frente.

T — Faça ele virar.

D — (Falando baixinho.) Diabo, vire de frente, vamos. (Nesse momento consigo me dar conta de quão profunda é a vivência de Diva, pois fala com o diabo como se ele estivesse realmente presente.)

D_d — Não. Não viro.

T — Por que você não vira, diabo?

D_d — Tenho vergonha dela.

T — Você estava pondo medo nela agora mesmo, e agora está com vergonha?

D_d — Estou sem o meu sexo.

T — Você tem certeza? Examine-se bem.

D_d — É verdade. Estou sem sexo.

T — Você é um diabo mulher?

D_d — Não. Eu estou assexuado.

D — (Espantada.) Agora ele virou, ele está sem sexo. É como nas figuras de igreja que eu vi.

T — Como está se sentindo?

D — Estou bem. Não estou mais com nenhum pouco de medo.

T — Então ponha esse diabo numa moldura e transforme-o num quadro.

D — Hum, hum, hum. (Assentimento.)

T — Guarde esse quadro em algum lugar, podemos precisar dele ainda.

D — Vou dependurá-lo em frente da minha cama. Já dependurei.

T — Você quer que ele a veja fazendo sexo?

D — Quero.

T — Então, vamos voltar dessa vivência e conversar um pouco.

Diva vai lentamente abrindo os olhos, está muito espantada com a vivência que teve. Acende um cigarro e conversamos um pouco sobre uma parte diabo que todos nós temos. Diva sente-se bem e diz que tem alguma coisa mudada dentro de si. Está mais leve, é como se tivesse tirado um grande peso. Na sessão seguinte, Diva continua achando-se mudada. Relata que as suas relações sexuais estão muito agradáveis mas que sente um pouco de medo de estar sem a "proteção" do diabo. Lembra-se dele e ainda tem um pouco de medo. Resolveu assumir uma atração sexual que sente por um amigo, que nunca tinha tido coragem de assumir.

Nesse psicodrama interno Diva vivenciou uma relação Eu-Tu, fazendo a identificação do homenzinho, censor, diabo, si mesma e pai, isto é, identificou a relação Eu-Tu até aquele momento.

— Exemplo 3

Sandra, psicóloga, 24 anos, terapia de grupo. Sandra vinha trabalhando há várias sessões um rompimento de um namoro insatisfatório, que durava já há três anos. Foi proposta uma dramatização sobre a situação de rompimento. Sandra sobe ao tablado "cenário psicodramático" e cai em choro convulsivo. Sandra está parada, chorando, de olhos fechados, em pé.

SANDRA — Está tudo escuro.

TERAPEUTA — Tente se acalmar e me diga o que você vê no escuro.

S — Vejo uma gruta escura. Tenho muito medo.

T — Você gostaria de ver o que tem lá?

S — (Gritos.) Não. Não quero ver. Aí só tem gente morta.

T — (Acalmando.) Quem você vê?

S — Três pessoas. Um colega meu que já morreu, minha mãe (atualmente viva) e meu namorado (também atualmente vivo.)

T — O que eles fazem?

S — Estão sentados.

T — Vamos até eles. Onde você está agora?

S — Estou perto do meu amigo.

T — E como ele está?

S — Está bem, cumprimento-o e ele responde.

T — Vamos em frente.

S — Agora estou perto da minha mãe, ela está muito magra e envelhecida.

T — Você deseja fazer ou dizer algo para ela?

S — Só cumprimentar.

T — E agora?

S — Estou na frente do meu namorado.

T — Olhe para ele.

S — (Choro.)

T — Olhe e diga-me o que você vê.

S — Vejo os olhos. É horrível. (Choro convulsivo.) São olhos frios e duros. Existe muita raiva neles. Não quero mais vê-lo.

T — Então vamos embora. Onde estamos agora?

S — Saindo da gruta. Estou numa rua muito comprida e está claro.

T — Olhe um pouco em volta e diga-me o que vê.

S — Vejo casas mas não há ninguém. Estou andando sozinha.

T — Continue andando e veja se algo lhe chama a atenção.

S — Estou vendo uma casa com um portão de madeira. Tenho vontade de entrar.

T — É uma casa conhecida?

S — Não.

T — Então, entre. Tem alguém?

S — Não. Tem um jardim e uma varanda.

T — O que você quer fazer?

S — Vou me sentar na varanda. Agora apareceu um cachorro, é um "dobberman" preto.

T — Onde ele está?

S — Está no jardim.

T — O que ele faz?

S — Veio perto de mim e sentou-se no meu pé.

T — É um cachorro bravo?

S — Não, é manso. É o cachorro de um amigo meu.

T — Como se sente?

S — Bem, estou calma.

T — Agora você não está mais sozinha.

Essa dramatização foi feita com Sandra em pé, com os olhos fechados e com o terapeuta a seu lado. Terminada a sessão, Sandra estava mais calma mas se sentia um pouco confusa com as vivências. Continuou calma durante a semana e refere que sente que algo mudou dentro dela. Não se sente mais muito ligada ao namorado e depois de um mês iniciou um novo namoro.

— Exemplo 4

Luiz, 28 anos, nunca fez terapia comigo. Esse psicodrama interno aconteceu durante uma vivência e era a primeira vez que eu estava tendo contato com Luiz. Foi feito um aquecimento e Luiz foi escolhido protagonista. Sua queixa era de se sentir muito tenso. Peço a Luiz que se deite no cenário e iniciamos o psicodrama interno.

TERAPEUTA — Preste um pouco de atenção em seu corpo e diga-me o que sente.

LUIZ — Estou tenso. Sinto o corpo todinho retesado.

T — Preste atenção em seu corpo e veja se tem alguma região mais relaxada.

L — Não. Eu estou tenso por inteiro.

T — Então tente soltar um pouco e relaxar o seu corpo.

L — Não consigo. Quando tento soltar, logo volta. (Após algumas tentativas de relaxamento, percebo ser impossível naquele momento um relaxamento de Luiz. Opto por trabalhar sua tensão, através de uma maximização.)

T — Sinta, gradativamente, Luiz, ir aumentando cada vez mais a sua tensão. (Luiz vai se enrijecendo cada vez mais, tem até dificuldade para falar.)

L — Sinto-me como um pedaço de madeira.

T — Vá sentindo e tente se tornar um pedaço de madeira.

L — (Tenso, cada vez mais retesado.) Sinto-me como um pedaço de madeira, boiando no mar.

T — Você tem essa imagem na cabeça?

L — Tenho. É um pedaço de madeira de boa qualidade, de cerne, boiando no mar.

T — Volte a ser um pedaço de madeira e continue boiando; diga-me o que está acontecendo.

L — O mar está ficando bravo. As ondas são fortes e eu tenho medo de afundar. Estou me sentindo pesado.

T — Deixe-se afundar e vá me dizendo o que acontece.

L — Estou no fundo. É gozado. Eu consigo respirar dentro da água. Não sou mais madeira.

T — Conte-me onde você está.

L — É um fundo de areia, tem algumas plantas, é até bonito.

T — Olhe ao redor e veja o que lhe chama a atenção.

L — Tem uma gruta longe e umas pedras.

T — Nade até lá. Onde você está agora?

L — Estou na borda da gruta, é escuro. Estou com medo de entrar.

T — Tente entrar. Vamos ver o que tem lá dentro.

L — É uma gruta enorme. É claro aqui dentro.

T — Descreva o que vê.

L — É uma gruta grande, muito grande, como um enorme salão. As paredes são de pedra e estou nadando aqui dentro. É muito gostoso.

T — Olhe um pouco pela gruta e veja se tem alguma coisa que lhe chama a atenção.

L — Não. Não existe nada que me chame a atenção.

T — Tem alguém mais nessa gruta?

L — Não. Só eu.

T — Então continue nadando e vá me dizendo o que você está fazendo.

L — Estou nadando. É muito gostoso. É morninho. Agora estou me dirigindo para a saída. Vou sair.

T — Pare e me diga onde está. Não saia ainda.

L — Estou na porta.

T — Então olhe para trás e veja se realmente você vasculhou toda essa gruta.

L — Tem um pedaço, lá no fundo, que não fui.

T — Olhe para lá e me diga o que vê.

L — Não tem nada mas é um canto mais escuro. Sinto um pouco de apreensão.

T — Retarde um pouco sua saída e volte até lá. Vamos examinar esse pedaço.

L — Estou indo.

T — Onde você está agora? Conte-me.

L — Estou no canto escuro. É uma parede enorme, lisa, muito brilhante.

T — Preste atenção nessa parede e vá me dizendo o que ocorre.

L — (Com a voz trêmula e assustado.) Ela está me puxando. Ela está me puxando cada vez mais. (Tenta mexer os braços para se segurar no tablado.)

T — (Acalmando.) Paralise a cena. Conseguiu?

L — (Muito tenso.) Consegui. Estou olhando para a parede mas ela me puxa como se fosse me engolir.

T — Tente deixar que essa parede lhe engula. Vamos ver o que acontece.

L — (Entrando em forte ansiedade.) Não. Não dá. Ela está me puxando, ela vai me engolir.

T — Paralise novamente a cena. O que lhe acontece?

L — A sensação é que vou virar parede, vou virar pedra.

Avalio neste momento que Luiz está próximo a lidar com vivências psicóticas do tipo petrificação, como as já encontradas no início do psicodrama interno descritas por Laing.

T — Você consegue se dividir em dois?

L — Consigo.

T — Então faça isso.

L — Já fiz. Sou dois.

T — Então, deixe que um deles chegue perto da parede e o outro fique de longe. O que aconteceu?

L — Ele chegou perto, foi entrando e virou pedra.

T — Como ele está agora?

L — Ele está emparedado. Eu o vejo dentro da parede, imóvel.

T — Tente trocar de lugar com ele.

L — (Angustiado.) Estou me sentindo esmagado. (Começa a se retesar.) Estou ficando sem ar, estou virando pedra.

T — Olhe para fora e me diga o que vê.

L — Vejo-me lá fora. Mas estou cada vez mais frio e duro.

T — Preste atenção nesse seu corpo e vá deixando essa dureza tomar conta.

L — (Com a voz mais fria.) Estou virando pedra.

T — Você gostaria de sair daí?

L — Gostaria.

T — Então eu lhe proponho que reúna todas as suas forças, todo o seu ar e arrebente essa parede. Vá fazendo. Vá se retesando até conseguir romper essas pedras.

L — (Vai se retesando cada vez mais e eu peço a ele que grite.)

T — Grite, grite e rompa.

L — (Dá um grito.) Rompi!

T — Conte-me o que viu.

L — Estão caindo blocos de pedras para todos os lados. Estou subindo no meio das bolhas, um monte de bolhas. Estou subindo muito rápido.

T — Olhe em volta e me diga o que vê.

L — Espere. Tem uma coisa preta vindo para o meu lado.

T — O que é?

L — Sou eu mesmo. Estou subindo.

T — Onde você está agora?

L — Estou perto de uma praia. (Começa a chorar.)

T — Vá até essa praia.

L — Estou na areia. Estou com muita vontade de chorar.

T — Então, chore. Deixe esse choro sair.

L — (Chora mansamente mas não quer relatar nada. Só chorar.) (Pára de chorar.)

T — Onde você está agora?

L — Eu estou aqui, de volta.

T — Como você está?

L — Estou bem e não estou nem um pouco tenso.

139

Após essa sessão, Luiz relatou bem-estar, sentir o corpo muito mais solto e disse que era a primeira vez que estava chorando desde que se conhece por gente.

Como já visto nesses exemplos, a vivência no psicodrama interno é intensa e, na maior parte das vezes, de forma simbólica, penetrando nas zonas de psiquismo caótico e indiferenciado.

Tenho utilizado o psicodrama interno principalmente em quatro situações:

1) superaquecimento. Chamo de superaquecimento em psicoterapia quando o cliente, por estar muito aquecido, começa a ter uma aceleração a nível de sensações e/ou pensamentos. As imagens se desencadeiam umas após as outras de uma forma muito rápida. Isso pode acontecer durante um relato verbal ou mesmo durante uma dramatização mais convencional. Nessa situação, exigir a montagem das cenas cortaria a seqüência toda de mundo interno do cliente. No psicodrama interno podemos facilitar a exteriorização dos desejos e dar continuidade à seqüência de eventos;

2) situações em que eventualmente a cena imaginada é de difícil concretização. Nessas situações, cenas extremamente complexas, eu prefiro a utilização do psicodrama interno pois necessita menos adaptação entre o simbólico do cliente e o simbólico proposto na cena. (Como no caso de Zilda.)

3) queixas somáticas vagas. São situações como queixas de tensão, tensão localizada, ansiedade dispersa, palpitação, tontura etc., que freqüentemente são de difícil manejo dentro de um esquema clássico, mas de fácil manejo no psicodrama interno;

4) situações em que o cliente tem medo ou muita vergonha ou qualquer tipo de dificuldade física ou psíquica para dramatizar, ou mesmo quando existe falta de recursos técnicos como principalmente ocorre numa sessão de psicodrama bipessoal.

3) *Sensibilização corporal*

Outro meio bastante eficiente para abordar diretamente as zonas de psiquismo caótico e indiferenciado é a conscientização das sensações corporais. Essa técnica consiste em que o cliente, deitado ou sentado, com a ajuda do terapeuta, preste atenção em sua sensação corporal, sentindo-a e identificando-a.

Não raro, a partir dessa identificação, desenvolvem-se imagens e passo para um psicodrama interno. Outras vezes, fica-se somente na identificação das sensações corporais, o que facilita freqüentemente uma posterior abordagem do psiquismo caótico e indiferenciado.

CAPÍTULO IX

Relação entre cliente e terapeuta

Como já foi dito anteriormente, o clima terapêutico funciona como um pilar de sustentação do processo psicoterapêutico. É o clima presente na relação entre terapeuta-cliente e terapeuta-cliente--grupo que se estabelece como uma rede de sustentação, que vai dar continência para que se promova a pesquisa intrapsíquica dos conflitos, desembocando na catarse de integração das zonas de psiquismo caótico e indiferenciado. É óbvio que a habilidade do terapeuta, as técnicas de pesquisa, as defesas do cliente etc. são também importantes, mas se não existir clima terapêutico, não existirá o clima de crescimento e amadurecimento e, portanto, a psicoterapia não se desenvolverá.

Já vimos também que o estabelecimento do clima terapêutico é de responsabilidade do terapeuta e está diretamente relacionado com a sua capacidade de aceitação, proteção e continência em relação a seu cliente. Para melhor compreensão dessa relação, vou analisar a estrutura psíquica do cliente.

Para efeito didático, pode-se dividir o cliente em duas partes:

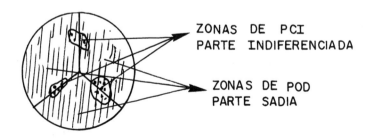

ZONAS DE PCI
PARTE INDIFERENCIADA

ZONAS DE POD
PARTE SADIA

a) uma parte mais saudável, organizada e télica, que é a parte constituída pelos modelos e áreas contidos na esfera do psiquismo organizado e difererenciado. Doravante, chamarei essa parte de parte sadia;

b) uma parte "doente", infantilizada, com pouco controle consciente, pouco télica e desorganizada, que são os modelos e áreas contidos nas zonas de psiquismo caótico e indiferenciado, que chamarei de parte indiferenciada. Essa parte indiferenciada é compreendida pelas vivências registradas e não-identificadas nem elaboradas nas zonas de psiquismo caótico e indiferenciado e geralmente são vivências da primeira infância.

Quando o cliente procura a terapia, dependendo do seu grau de compreensão da vida, vem tentando se relacionar com a parte sadia se estiver numa fase de um certo grau de compensação ou então tenta a vinculação com o terapeuta de sua parte indiferenciada se estiver em plena crise de desestabilidade psíquica. É muito difícil estabelecer um contato inicial com a parte indiferenciada, precisando, nesses casos, que o terapeuta primeiro tente desenvolver e identificar a parte sadia para então iniciar o vínculo e estruturar o clima terapêutico. A esse vínculo com a parte sadia chamo, como Fiorini, de aliança terapêutica.

A aliança terapêutica é o vínculo que se estabelece entre o terapeuta e a parte sadia do cliente, para que ambos, de comum acordo, passem a pesquisar e tratar da parte indiferenciada do cliente.

O cliente, dependendo da quantidade e do desenvolvimento do seu psiquismo caótico e indiferenciado, vai ter uma parte sadia maior ou menor. Uma parte sadia bem-desenvolvida consegue dar continência à própria parte indiferenciada do cliente. Se essa parte sadia é pequena, a continência é parcial e, às vezes, chega a ser inexistente por justamente passar a continência a ser feita diretamente pelo ambiente externo (família, parentes, amigos e muitas vezes pelo próprio terapeuta). O cliente, nessa situação, não consegue conter em si mesmo a sua parte indiferenciada e exige uma maior continência por parte do terapeuta, dificultando o estabelecimento do clima terapêutico e exigindo uma profunda mobilização psíquica e afetiva do terapeuta. Ao passo que se o cliente tem uma boa capacidade de autocontinência, o clima se estabelece facilmente e o terapeuta terá que dar continência à parte indiferenciada somente em algumas fases da psicoterapia, principalmente quando estiver próximo ou em contato com as zonas de psiquismo caótico e indiferenciado. Dentro dessa visão, pode-se estabelecer algumas diretrizes.

1) A postura do terapeuta vai depender do grau de autocontinência que o cliente possui; em outras palavras, não existe uma postura única para todos os clientes, pois com alguns, com parte sadia bem-desenvolvida, o terapeuta pode se mostrar mais, pois

a capacidade télica da relação é alta. Isso permite que o terapeuta brinque, tenha maior contato, se manifeste mais etc.

Em clientes com parte sadia pouco desenvolvida, a postura do terapeuta tem que ser mais tolerante e bem mais resguardada, pois o cliente, freqüentemente, não tem condições de suportar uma relação mais direta e mais próxima com o terapeuta. Tem uma necessidade, que é dele — cliente — de que o terapeuta se relacione parcialmente idealizado e seja receptáculo de uma série de cargas transferenciais, até que com o desenvolver da psicoterapia essas cargas transferenciais se desloquem para as figuras de mundo interno, liberando o terapeuta para uma relação mais télica. Quando o grau télico é pequeno, as transferências são mais freqüentes e, nesse clima, é impossível o terapeuta se posicionar de uma forma mais espontânea.

2) Quando a parte sadia é bem-desenvolvida, a aliança terapêutica se estabelece rapidamente, possibilitando o enfoque mais rápido e menos cauteloso da parte indiferenciada do cliente, entrando o processo psicoterapêutico nas Fases III e IV da psicoterapia, que são as divisões internas.

O terapeuta não precisa tomar tanto cuidado com a relação, podendo ser mais espontâneo, pois os "mal-entendidos" serão menos freqüentes ou não terão grande importância, graças à capacidade de autocontinência do cliente.

3) A parte sadia é pouco desenvolvida, prevalecendo a parte indiferenciada. A aliança terapêutica demora para se estabelecer e o terapeuta não tem condições de abordar diretamente as partes em conflito; embora estejam evidentes e às vezes até ostensivamente evidentes, essas partes são extremamente defendidas pelo cliente, tanto com defesas intrapsíquicas (mecanismos reparatórios) como por conscientização, relatos de si mesmo (identidade estereotipada e enrijecida das zonas de psiquismo organizado e diferenciado).

Para abordar diretamente a parte indiferenciada, o terapeuta terá nesses casos que, primeiro, desenvolver mais a parte sadia do cliente, tentando questionar a conscientização rígida para que o cliente possa, então, entrar um pouco em dúvida sobre sua auto-avaliação para depois poder estabelecer o vínculo terapêutico. São clientes que, freqüentemente, embora vivam em grande contradição, têm uma conscientização a respeito de si mesmos aparentemente lógica e, freqüentemente, não sofrem dúvidas. Tentam, muitas vezes, impor ao terapeuta sua própria conscientização, não aceitando uma visão de si mesmos diferente daquela previamente estabelecida. É um comportamento comum nos clientes mais graves e principalmente nos

143

clientes com distúrbios psicossomáticos tipo úlcera, retocolite ulcerativa, asma etc., que graças ao fato de descarregarem diretamente no corpo suas angústias, acabam por estabelecer uma identidade muito pouco questionada por si mesmos. Sem um trabalho prévio para mobilizar o autoquestionamento sobre essa conscientização rígida, essa relação estará freqüentemente em confronto da visão que o terapeuta tem do cliente e da visão que o cliente tem de si mesmo, isto é, uma relação com alto grau de disjunção, segundo Leng, ou de desconfirmação, segundo Watslavick. Relação essa onde é impossível o estabelecimento de um bom clima terapêutico. Nessa fase uma das opções do terapeuta é trabalhar dentro do princípio do DUPLO e do ESPELHO.

4) Tanto no caso da parte sadia bem-desenvolvida como na outra, há algumas fases na psicoterapia em que o cliente não consegue mais conter sua parte indiferenciada e ela surge com toda sua força no contexto psicoterapêutico. Aparece em forma de atuação, afetos, identificação, idéias, percepções que têm a característica de serem imunes aos apelos ao bom-senso. São freqüentes frases como essa: "Eu sei que você não me censura mas eu sinto que você me censura." "Você diz que gosta de mim, eu entendo, mas eu acho que não gosta."

É nessa hora que a capacidade de continência do terapeuta é mais exigida. Para conter essas partes indiferenciadas, o terapeuta tem que lançar mão de toda a sua estrutura psíquica e não só do seu conhecimento teórico ou prático. É uma relação entre um ser humano adulto (terapeuta) contendo psicologicamente uma criança (parte indiferenciada do psiquismo do cliente). São fases em que o terapeuta é o que ele é como pessoa e se ele como pessoa é capaz de dar uma continência eficaz, essa terapia terá grandes chances de ir até o seu final. Se o terapeuta como pessoa falha ou não é eficaz nessa continência, é pouco provável que essa terapia chegue ao final, pois o cliente não vai sentir a confiança necessária na capacidade afetiva e de colocar limites desse terapeuta para se jogar juntamente com ele nas sensações de caótico e indiferenciado. São momentos em que o cliente testa profundamente a capacidade do terapeuta e é um teste que acaba por funcionar como uma "prova de amor" e do resultado deste é que vai depender em grande parte o grau de entrega e, conseqüentemente, de profundidade que o cliente vai conseguir na terapia. Em outras palavras, será testado o grau de confiabilidade que se pode ter no terapeuta como ser humano, não só como conhecimento e competência profissional.

Embora a conduta do terapeuta seja freqüentemente intuitiva e o exigido dele seja como pessoa, a instrumentalização desse rela-

144

cionamento necessita, nesse momento, de bastante conhecimento e teorização que podem nortear melhor o terapeuta quanto à melhor forma de se expor dentro de seu papel profissional. É comum nesses momentos um terapeuta menos preparado tentar se colocar como pessoa, o que acaba por estacionar ou romper o processo psicoterapêutico. Quero dizer que nessa fase o terapeuta é exigido como pessoa a nível de sensação e nesse nível ele pode responder como pessoa. Mas a sua resposta terá que vir por intermédio do papel de terapeuta e não do seu papel como pessoa. São momentos em que muitas vezes o terapeuta precisa ser muito tolerante, mas freqüentemente — o que é mais comum — precisa ser mais diretivo, ter mais iniciativa e muitas vezes exigir também do seu cliente prova de confiança e de entrega. Não se pode nesse momento deixar que o cliente resolva muitas situações como ele deseja. É necessária a aplicação de limites e, muitas vezes, até de punições. É muito parecido com uma relação adulto-criança, quando muitas vezes uma atitude que possa parecer intolerante do adulto acaba por fornecer um alto grau de segurança para essa criança. São nesses momentos que não se pode nunca perder de vista que o poder na relação terapeuta-cliente está sempre mais nas mãos do terapeuta do que nas do cliente. E que a idealização de que essa relação é igualitária leva a um relacionamento a nível humano bom mas extremamente falho a nível psicoterapêutico.

A relação na psicoterapia é ter o terapeuta na posição complementar superior e pouco télica e às vezes até totalmente não-télica (transferências) por parte do cliente, que nesse momento ocupa a posição complementar inferior. Nessa fase de continência, essa desigualdade da relação se torna muito clara e é necessário que o terapeuta tenha essa conscientização nítida para muitas vezes exercer um poder nem sempre de acordo com a parte indiferenciada do seu cliente, para que esse cliente possa se sentir seguro para enfocar conflitos carregados de medo.

5) Outro momento importante e difícil na relação cliente-terapeuta é o que precede a entrada em conteúdos mais profundos que, sendo oficializados, vão necessariamente produzir fortes mudanças no projeto de vida do cliente. São fases na psicoterapia em que o cliente já sabe bastante sobre si mesmo, já reestruturou parcialmente sua identidade e, freqüentemente, até já teve catarses de integração mas, à medida que se aproxima de uma tomada de posição consciente, vai ter que correr o risco na vida real para se tornar coerente com suas mudanças internas.

Como já visto em capítulos anteriores, o cliente mobilizado pelo seu processo de busca acaba por entrar em fases de acomodamento, estabelecendo nessas fases uma série de vínculos compensatórios que lhes dão segurança e rumo na sua vida. Nessa constelação, ele termina por estabelecer metas do seu projeto de vida (casamento, emprego, atividade profissional, conscientização teórica a respeito de si mesmo, grupos de amigos etc.). Na desestabilização da fase de acomodamento, o cliente vai procurar a psicoterapia e durante o processo as mudanças são mais a nível interior do que exterior. A pesquisa intrapsíquica produz uma série de modificações na relação com as figuras de mundo interno, que não interferem de imediato nas relações com as figuras de mundo externo.

Nessa fase, o cliente está centrado em si mesmo, introspectivo e reflexivo. Sua atenção está muito mais presa à verificação das suas próprias sensações, afetos, relações internas, reorganização de valores morais, religiosos, políticos, sociais, do que realmente de uma franca atividade no mundo exterior. Depois dessa fase, o cliente estará mais estável em relação a seu mundo interno e agora se defrontará com um problema a nível de mundo externo. O cliente mudou, mas o mundo externo não acompanhou essa mudança. Costumo comparar essa fase com uma série de engrenagens interligadas; com o passar do tempo se compensaram mutuamente nas suas folgas, falhas e encaixes e, embora as peças da engrenagem possam ter falhas de encaixe, como um todo funcionam bem, graças aos ajustes feitos pelo próprio tempo. Quando o cliente muda é semelhante a que nesse conjunto de engrenagens se retirasse uma engrenagem já usada e se colocasse uma do mesmo modelo, mais nova. Obviamente, ela vai agir sobre todo o conjunto, pois as folgas antigas não mais serão compensadas e exigirá ou novas trocas de engrenagens ou então esse conjunto terá muitas vezes uma produção menor do que a anterior. A mesma coisa acontece com o cliente. À medida que ele muda, sua relação, vínculos compensatórios, enfim, todo o seu projeto de vida tem, obrigatoriamente, que passar por uma reformulação, que às vezes é pequena, mas que pode chegar a ter aspectos bastante radicais. Aí, entra-se num dilema, porque apesar desse conjunto não mais servir à nova estrutura psicológica do cliente, ele foi construído por ele e é de responsabilidade sua (casamento, firmas, filhos, atividades profissionais, comprometimento político, ideológico etc.):

Nesse momento, o cliente está frente não mais a um conflito de angústia patológica mas sim a um conflito existencial, pois atinge diretamente uma reestruturação do seu projeto de vida. Terá nessa fase a mobilização tanto da angústia existencial ligada à reelaboração do projeto de vida como a angústia circunstancial, ligada a problemas desde os econômicos até os afetivos. É comum nessa fase o cliente romper a aliança terapêutica e passar a fazer um boicote

146

consciente ou parcialmente consciente, impedindo que o terapeuta tenha acesso a uma série de sensações, desejos e até informações que poderiam, caso viessem à tona, evidenciar esse conflito.

Nessa fase o terapeuta não está mais lidando com uma angústia patológica e sim existencial, e também não tem mais o total apoio da parte sadia do cliente, pois agora é essa mesma parte sadia que, como aliada do terapeuta ajudou no tratamento da parte indiferenciada, passa a fazer oposição e a desviar e despistar os enfoques do terapeuta. Agora não adiantam tentativas de trabalho intrapsíquico nem de apelos ao bom-senso do cliente. Não é que ele não consiga ou não possa entrar em contato com esses conteúdos internos; ele não quer, porque tem medo de mexer num projeto de vida já assentado e às vezes até bastante consolidado. Cabe ao terapeuta, uma vez identificada essa fase, clarear para o cliente duas opções:

1) a continuidade desse boicote não impede a continuidade da psicoterapia, mas impede que essa psicoterapia se aprofunde ou se desenvolva; isto é, a terapia estaciona e fica fazendo parte de uma nova fase de acomodamento. A terapia começa a se tornar mais um vínculo compensatório na vida desse cliente;

2) o cliente corre o *risco* de evidenciar e discutir seus verdadeiros desejos, passando a realmente modificar a estrutura externa criada por ele. Desmonta conscientemente os vínculos compensatórios da fase de acomodamento e os substitui por novos vínculos, agora télicos e não mais compensatórios de falhas de desenvolvimento psicológico. É uma atitude que cabe ao terapeuta clarear, mas é fundamental que a decisão seja do cliente, pois a mobilização desses conteúdos vai trazer riscos reais nos diversos níveis: econômico, social, político, ideológico e afetivo da vida do cliente; e ter condições de avaliar nesse momento a adequação e a disponibilidade para a reformulação dessas estruturas.

As relações complementares internas patológicas mais comuns em psicoterapia

A relação que se estabelece entre terapeuta e cliente, na verdade, é composta por duas relações. Uma, que compreende terapeuta-parte sadia do cliente e uma outra relação que é a do terapeuta com a parte indiferenciada do cliente. Embora nítida e qualitativamente diferentes, na prática são profundamente interligadas e misturadas, cabendo ao terapeuta a identificação de quando está lidando com uma ou com outra. A parte sadia do cliente solicita do terapeuta uma atitude télica, espontânea e de igualdade. Já a parte indiferenciada do cliente vai gradativamente exigindo que o tera-

147

peuta complemente seus desejos, sensações, afetos, idéias, percepções etc. De uma forma unilateral, egocêntrica, em que o terapeuta não é visto telicamente mas sim como parte de figuras do mundo interno (transferência). São relações que o cliente necessita ter para poder complementar sua vivência de caótico e indiferenciado. Essas relações complementares com a parte indiferenciada do cliente são as relações que estão presentes nos vínculos compensatórios que o cliente faz para atingir sua fase de acomodamento. Por exemplo, sua parte indiferenciada exige um complementar acusador para que ela possa se sentir vítima. Esse cliente em sua vida real irá estabelecer algum tipo de relação em que um dos parceiros ocupará fixamente o papel de crítico e acusador e ele o de vítima.

Nessa fase da terapia, em que aparecem mais fortemente as partes indiferenciadas, essas relações serão exigidas em relação ao terapeuta. E chamo-as, como Moreno, de relações internas complementares patológicas.

Essas relações internas complementares patológicas se não forem trabalhadas (clareadas, identificadas e integradas) de forma eficiente, podem chegar a alterar e até romper o clima terapêutico e, portanto, interferir fortemente no encaminhamento da psicoterapia. À medida que o terapeuta identifica a presença de uma tentativa de relação interna complementar patológica, é fundamental que tome algumas precauções e posturas.

1) Não se deve *nunca compartilhar* (fazer o *sharing*) quando a relação é do tipo complementar patológica, pois nesse momento o terapeuta corre o risco de estar tratando de uma angústia patológica como se fosse existencial, com todos os defeitos que isso acarreta.

Nós, psicodramatistas, freqüentemente nos utilizamos do que chamamos de *compartilhar* (*sharing*). Como o nome já diz, é o momento em que o terapeuta sai do seu papel de tratar e orientar, e reparte com o cliente uma série de vivências e angústias. Essa postura em determinadas horas produz momentos de grande beleza e de profunda intensidade emocional. Mas também utilizada em momentos inadequados, pode trazer danos ao processo de psicoterapia do cliente. O compartilhar é utilizado na relação do terapeuta com a parte sadia do seu cliente e é portanto um momento télico da psicoterapia. E só deve ser utilizado quando o conteúdo compartilhado estiver dentro da esfera da angústia existencial e/ou circunstancial, nunca da patológica.

O compartilhar é utilizado na relação complementar patológica e, muitas vezes, usado pelo terapeuta quando este, por despreparo técnico, falta de amadurecimento ou qualquer outro motivo, não consegue perceber a dinâmica do cliente e acaba por tentar compartilhar e transmitir o seu modelo e a sua visão para o cliente. Pode neste momento estar inadvertidamente, ou até conscientemente, utilizando-se do seu poder de terapeuta para produzir um enquadramento do cliente dentro dos seus (do terapeuta) valores filosóficos, morais e ideológicos. A psicoterapia não é um processo de enquadramento mas sim um processo de adequação do cliente com as suas (do cliente) verdades. Na situação de enquadramento, o terapeuta se transforma de agente acelerador do amadurecimento psíquico do cliente num agente inibidor desse mesmo processo, pois dá um final falso ao processo de busca do cliente, convencendo este a se resignar diante da verdade do terapeuta.

2) Identificar e decodificar a relação complementar patológica não é uma tarefa fácil, principalmente quando utilizada a técnica de psicodrama bipessoal ou psicodrama individual, sendo mais fácil na psicoterapia de grupo.

Nós, psicodramatistas, pela própria proposta moreniana, trabalhamos com uma distância terapêutica bem menor do que a dos analistas. Trabalamos em íntimo contato com as emoções do cliente e com as nossas mesmas. Essa pequena distância terapêutica acaba, muitas vezes, por turvar a visão do terapeuta e deixar-se entrar no complementar patológico das necessidades internas do seu cliente.

É difícil dar exemplo de todas as relações complementares internas patológicas, mas para uma orientação basal utilizo o esquema ditado por Fairbanks em seu livro *Estudio Psicanalítico de la Personalidade*, p. 57:

"La naturaleza de las relaciones de objeto característica de las cuatro tecnicas es la seguinte:

Tecnica	Objeto Aceptado	Objeto Rechazado
Obsessiva	Internalizado	Internalizado
Paranóide	Internalizado	Externalizado
Histérica	Externalizado	Internalizado
Fóbica	Externalizado	Externalizado"

O que Fairbanks chama de objeto aceito, portanto, internalizado, e objeto rechaçado, externalizado, no meu referencial utilizo que o objeto internalizado é o conceito de identidade registrado a nível de psiquismo organizado e diferenciado, dentro da esfera consciente, controlada pelo indivíduo. E o que ele chama de objeto rechaçado, portanto externalizado, considero como que fazendo parte da esfera das vivências registradas nas zonas de psiquismo caótico e indiferenciado, mas pouco conhecido e integrado. Dessa forma, tem-se sempre uma divisão interna e é muito freqüente que o cliente, para fugir da vivência da divisão interna, da vivência de caótico e indiferenciado ,projete no terapeuta parte dessa identidade caótica e indiferenciada.

Nos ingeridores, que englobam históricos e fóbicos, freqüentemente, se projeta no terapeuta um complementar interno patológico que pode ser resumido pela seguinte premissa: Eu, cliente, não sou responsável por mim mesmo; o responsável por mim é você, terapeuta, elementos do grupo ou qualquer outro Tu.

Essa responsabilidade inclui tanto a responsabilidade de cuidar do cliente como a de orientá-lo, de pensar por ele, de perceber por ele e até mesmo de sentir por ele; principalmente sentir desejos que, de alguma forma, são reprimidos dentro da sua esfera de personalidade. Nesse caso é uma posição cômoda que o cliente assume, pois a responsabilidade de ser cuidado, orientado, fica a cargo do terapeuta, podendo ele se sentir suficientemente liberto para agir conforme seus desejos, não assumindo a responsabilidade pelos seus atos e imputando ao terapeuta a culpa ou responsabilidade pelo seu bem-estar físico e psíquico.

Nos defecadores, onde enquadram-se os depressivos e atuadores (paranóides) há, freqüentemente, uma atitude do cliente se justificando frente ao terapeuta de acusações que absolutamente o terapeuta não faz, ou então exigindo do terapeuta uma conduta de colocar limites ou de acusar erros do cliente, obrigando o terapeuta a entrar no complementar patológico, onde assume um papel de acusador e o cliente de vítima dessa acusação. É uma posição cômoda para o cliente pois dessa forma se exime da responsabilidade de se autocensurar, deixando a responsabilidade de censura a cargo do terapeuta e livrando-se da incômoda sensação de ter uma briga dentro dele entre seus desejos e seus mecanismos de autocontinência.

Nos urinadores, onde se encaixam os obsessivos, com idéias obsessivas e/ou rituais compulsivos, freqüentemente o cliente coloca o terapeuta numa posição de juiz, onde ele, cliente, acaba por trazer duas posições mutuamente exclusivas, pressionando o terapeuta para que de alguma forma lhe dê o caminho a ser trilhado, isto é, decida por ele. Desta forma, o cliente passa para o terapeuta a responsabilidade da decisão, ficando numa posição mais confortável, onde tem a condição de escolher entre aceitar ou vetar a decisão do terapeuta e com isso tentar achar seu caminho.

Uma vez identificada a relação complementar patológica, cuja pista básica para o terapeuta é a sensação de estar sendo colocado

150

numa posição que não é a sua e freqüentemente exigido e cobrado nessa posição, é fundamental o clareamento e, principalmente, o tratamento dessa relação patológica. Não adianta apelos ao bom-senso nem somente o clareamento e pontuamentos. É necessário realmente tratar.

3) Dentro da relação interna complementar patológica, utilizando-se as técnicas psicodramáticas de inversão de papel, espelho e duplo, fazer com que o cliente possa, ao assumir o papel do terapeuta ou mesmo observando a relação entre ele e o terapeuta, experimentar, no contexto psicodramático, entrar em contato com sua parte indiferenciada projetada no terapeuta. À medida que o cliente pode vivenciar essa parte projetada no terapeuta (censor, responsável pelas condutas, juiz etc.) ele consegue vivenciar um pouco do seu caótico e indiferenciado.

Em conseqüência, inicia o processo de vivenciar, identificar (correlacionar freqüentemente com figuras de mundo interno) e finalmente poder assumir essa parte projetada. Dessa forma, o cliente assume uma divisão que antes era pouco sentida e quase nunca percebida.

Uma característica que os clientes que fazem relações internas patológicas apresentam é uma dificuldade de autoquestionamento, pois projetando no outro uma parte da sua divisão interna ficam sem dúvidas ou com bastante firmeza na sua convicção, não as checando pois compete ao outro checar ou colocar as dúvidas necessárias e cabe a ele rebatê-las. Isto é, a divisão interna é vivida fora dele. Em vez de uma divisão interna internalizada, vamos encontrar uma divisão interna externalizada. Conseqüentemente, em vez de o cliente vivenciar a "loucura" (vivência do caótico e indiferenciado, perda de identidade etc.) dentro dele, passa com esse mecanismo a "enlouquecer" as relações externas com a conseqüente vivência de perda de identidade na relação.

À medida que se consegue trazer de novo essa parte para dentro de si mesmo, aumenta a sensação de loucura, o autoquestionamento, as dúvidas e a perda de identidade desse cliente, mas possibilita-se que ele retorne ao caminho do mundo interno e possa, aí sim, desenvolver a sua pesquisa intrapsíquica rumo às suas zonas de psiquismo caótico e indiferenciado. Enquanto o terapeuta trata a relação interna complementar patológica, ele fica menos carregado com as cargas afetivas transferenciais, ganhando de novo a sua distância terapêutica e o cliente fica liberado e sabendo exatamente onde procurar a solução de seus bloqueios internos.

CAPÍTULO X

Interrupção ou término da psicoterapia

A psicoterapia é um processo de aceleramento do desenvolvimento psicológico e, como tal, pode ser interrompido a qualquer momento de suas fases. Também, como já vimos, o cliente chega ao processo formal de psicoterapia com um processo de busca iniciado e com um bloqueio no seu desenvolvimento psicológico. Vai sair da terapia com desbloqueio parcial ou total do desenvolvimento psicológico ou simplesmente com maior ou menor conhecimento destes. É fundamental nessas paradas da psicoterapia uma postura do terapeuta, que vou descrever a seguir.

As paradas da psicoterapia podem ser divididas, *grosso modo*, em seis grandes grupos de acordo com a sua forma:

1) abandono

2) paradas circunstanciais

3) interrupção por dificuldade no processo

4) alcance dos objetivos propostos

5) medo da modificação do projeto de vida

6) término da psicoterapia.

É muito difícil analisar os motivos de parada ou interrupção da psicoterapia, pois geralmente estão ligados a um grande número de variáveis. Podemos dividir as interrupções da psicoterapia em dois grandes grupos:

1) interrupções motivadas principalmente pela vivência do processo de amadurecimento;

2) interrupções motivadas principalmente pelos distúrbios na relação terapeuta-cliente, isto é, no clima terapêutico.

153

Embora separadas para melhor compreensão didática, na realidade as motivações estão entrelaçadas, uma interferindo na outra, em maior ou menor grau.

1) *Interrupções motivadas principalmente pela vivência na psicoterapia*

O processo de amadurecimento psicológico no indivíduo que já tem uma parte do seu psiquismo organizado e diferenciado vai acarretar dois tipos básicos de alteração:

a) alterações internas, como já visto, para integrar as zonas de PCI; o cliente vai precisar desmontar passo a passo os seus mecanismos de defesa contra a confusão e entrar em contato com sua parte mais desconhecida e descontrolada. Isso implica em alterações no seu conceito de vida, de valores morais e, principalmente, no seu autoconceito. E antes que essas mudanças se completem, o cliente passa por grandes fases de instabilidade emocional, confusão, desorientação, no tocante à sua própria identidade e das verdades antes aceitas sem grande questionamento. Muitas vezes essas mudanças são tão fortes ou alteram tanto o cliente que este, de uma forma consciente ou pouco consciente, acaba por interromper o processo psicoterapêutico a fim de recompor um pouco sua verdade anterior e num outro momento continuar a busca de seu amadurecimento. Diz-se, nessas situações, que o cliente encontra com suas resistências internas, que nada mais são do que o medo de enfrentar o desconhecimento dentro de si mesmo;

b) alterações externas: com as mudanças internas na psicoterapia, o cliente passa a se posicionar de forma diferente em seu mundo interno, causando modificações neste. Durante esse processo de busca intuitivo, ele acaba por constituir uma série de empreendimentos tanto materiais como afetivos (casamentos, filhos, carreira profissional, empresas, enfim, projetos de vida) que muitas vezes funcionam também como mecanismos compensatórios dos seus distúrbios internos. Com a modificação e eliminação desses distúrbios internos, esses empreendimentos tendem a perder parte de sua importância e podem até passar a ser impedimentos na formulação de novos empreendimentos mais compatíveis com as atuais necessidades do cliente. São momentos, na psicoterapia, em que o cliente, estando mais saudável, muitas vezes se dá conta de ter construído uma série de coisas que não lhe servem mais e que, atualmente, o tolhem de construir outras mais compatíveis com os desejos reais! Essa situação se por um lado é um alívio, pois o indivíduo sabe que está posicionado em sua vontade, por outro, desencadeia uma angústia existencial e circunstancial referente a uma série de laços afetivos e responsabilidades morais e sociais que muitas vezes são difíceis ou até impossíveis de serem rompidas ou contornadas, obrigando o cliente muitas vezes a renunciar conscientemente a seu objetivo desejado. Ao entrar em contato com essa angústia, o cliente opta conscientemente ou intuitivamente por interromper o processo de psicoterapia para adiar ou evitar esse tipo de conflito. São momentos em que a realidade externa funciona como barreira para que o cliente possa assumir e se posicionar frente ao mundo externo na sua real identidade interna.

2) *Interrupções motivadas principalmente por distúrbios na relação terapeuta-cliente*

A parte fundamental na relação terapeuta-cliente é o estabelecimento do clima terapêutico. Portanto, as dificuldades que ocorrem nessa relação terminam por produzir alterações de graus variáveis no clima terapêutico que podem ser apenas um esmorecimento com um desaquecimento do desenvolvimento psicoterapêutico até um rompimento do clima terapêutico e parada da psicoterapia. As alterações na relação terapeuta-cliente nunca são responsabilidade de um só dos componentes da relação embora, freqüentemente, a tendência seja a de se identificar um dos componentes como sendo o mais responsável. As alterações na relação terapeuta-cliente com conseqüências imediatas sobre o clima terapêutico e, portanto, na rede de sustentação do processo psicoterapêutico mais freqüentes são:

a) incompetência do terapeuta em trabalhar determinadas situações da relação;

b) falta de aceitação, proteção e continência do terapeuta em relação ao cliente;

c) intolerância do cliente à não-complementariedade do terapeuta de suas necessidades internas patológicas;

d) rejeição consciente tanto do cliente como do terapeuta ao caráter de cada um;

e) compartilhamento do terapeuta, mostrando-se como pessoa em fase da terapia que o cliente o necessita idealizado;

f) complementariedade interna patológica do terapeuta em relação ao cliente e/ou do cliente em relação ao terapeuta.

Essas são as principais mas não as únicas causas dos distúrbios relacionais entre cliente e terapeuta. É de fundamental importância identificar-se os impedimentos que acontecem durante o processo psicoterapêutico que estão mais no âmbito das resistências internas do cliente ou no do clima terapêutico, pois a postura vai ser diferente para cada caso.

No primeiro caso, estando mudada a rede de sustentação relacional, pode-se tentar trabalhar os medos e dificuldades internas e externas do cliente. No segundo, é necessário o trabalho da relação terapeuta-cliente para se refazer o clima terapêutico e, nesse trabalho, muitas vezes, é necessário um confronto entre terapeuta e cliente para uma melhor definição dos papéis de cada um. Muitas vezes torna-se necessário o terapeuta recorrer a uma supervisão do caso com outro colega ou até recorrer à psicoterapia para si próprio, se os distúrbios relacionais estão sendo causados, respectivamente, por incompetência ou por complementares patológicas do terapeuta em relação ao cliente. Em minha experiência, as paradas acontecem principalmente em quatro fases da terapia:

1) durante as entrevistas iniciais e, nesses casos, as paradas são geralmente por ineficiência ou falta de continência do terapeuta ou então por falta de empatia de um ou de ambos os lados;

2) na etapa que imediatamente precede ou sucede as entradas nas divisões internas e, conseqüentemente, mobiliza as zonas de PCI. Essas paradas na maioria das vezes estão mais relacionadas ao medo e à resistência do cliente do que realmente a distúrbios na relação;

3) quando já em contato com as zonas de PCI começa-se o trabalho das vivências de "loucura", onde o cliente perde parcialmente o seu controle, entra em pânico e necessita de uma grande capacidade de continência do terapeuta. As paradas nessa fase estão geralmente mais relacionadas a uma falta de continência do terapeuta ou a seu pouco preparo para lidar com essa situação. Em outras palavras, o terapeuta acaba por entrar em pânico com seu cliente;

4) acontece nessa fase em que o cliente, melhorando seus conflitos internos, acaba por necessitar de mudança externa para a continuidade do processo psicoterapêutico. Essas mudanças externas alteram em maior ou menor grau o projeto de vida desse cliente, mobilizando cotas de angústia existencial. Muitas vezes de forma consciente o cliente não quer ou não consegue modificar seu projeto de vida e, portanto, acontece uma parada da psicoterapia.

A título de orientação, gostaria de dar algumas condutas nesse caso de parada de psicoterapia, que é dividida nos seis tipos já citados.

156

1) *Abandono da psicoterapia*

Considero abandono quando o cliente sem nenhum aviso deixa de comparecer às sessões de psicoterapia, embora não se possa precisar com segurança qual o número de sessões mínimas para se considerar um abandono. Considero que em média três faltas consecutivas, sem nenhum aviso prévio, mais uma percepção interna do terapeuta de tal situação, podem caracterizar esse abandono. Independe das intenções envolvidas nessa atitude, tais como medo de comunicar ao terapeuta a interrupção, manipulação do terapeuta quanto à necessidade de prova de afeto na terapia, resistência interna e muitas outras. O abandono deve ser compreendido sempre como uma mensagem indefinida do cliente para o terapeuta e, como tal, deve ser trabalhada, portanto, o enfoque soberano é o trabalho de uma mensagem indefinida, independente do seu possível conteúdo. Dentro desse quadro, proponho duas condutas básicas, que devem ser encaminhadas de acordo com as sensações intuitivas do terapeuta e dentro das dinâmicas de cada caso em particular:

a) aceitar o abandono e não procurar contato com o cliente. Nesses casos, o terapeuta desmarca o horário e, posteriormente, estabelece contato apenas para cobrar os honorários eventualmente atrasados. Essa conduta acaba por ser a mais indicada principalmente quando se sente que nem por parte do cliente nem por parte do terapeuta existe um grande empenho para que o processo continue;

b) entra-se em contato com o cliente, pedindo-se exclusivamente a definição da mensagem, isto é, pede-se uma definição de sua intenção de continuar ou não o processo de psicoterapia. Caso a resposta seja positiva, os trabalhos posteriores vão identificar a intenção encoberta na atitude de abandono. Caso a resposta seja de não continuar a psicoterapia, aconselho o terapeuta a não propor nenhum outro contato e simplesmente aceitar a interrupção do processo. Muitos terapeutas tentam solicitar uma última entrevista com o cliente, o que minha experiência demonstra que são entrevistas constrangedoras, em que o cliente não está mais disponível para colocar suas verdadeiras intenções e que na maioria das vezes são feitas mais pela necessidade do terapeuta do que pela do cliente. Geralmente, são colegas que estão com dificuldade de lidar com situações de serem abandonados. Além de ser uma entrevista constrangedora e frustrante, pode causar dificuldade para o cliente em sua posterior procura de um novo terapeuta ou até mesmo de um retorno a esse mesmo terapeuta.

2) *Paradas circunstanciais*

Chamo de paradas circunstanciais as interrupções do processo que se dão independentemente da vontade do terapeuta ou do cliente, ou de ambos. Entram nessa situação: incompatibilidade de horário, mudança de cidade, situação financeira, doenças prolongadas, cursos no exterior etc. A postura do terapeuta nessa situação é a de, depois de bem caracterizada a situação e as circunstâncias, promover juntamente com o cliente uma avaliação de todo o material psicoterapêutico tratado até aquele momento, fazendo um levantamento das principais hipóteses do que falta ser pesquisado. É uma tentativa de fornecer ao cliente as hipóteses daquilo que precisa ainda ser abordado com a intenção de que este possa sozinho ou acompanhado continuar a pesquisar dentro das diretrizes fornecidas pelo terapeuta os principais bloqueios do seu desenvolvimento psicológico. Se houver possibilidade de continuidade da psicoterapia com outro terapeuta, este deve ser indicado pelo primeiro terapeuta e, de preferência, na mesma linha ou linhas correlatas de psicoterapia.

3) *Paradas por resistência à psicoterapia*

São paradas em que o cliente traz em plena psicoterapia o desejo de parar. Tanto acontece em terapia individual como em grupo. Esse tipo de parada, como já mencionado anteriormente, pode estar ligado a distúrbios na relação terapeuta-cliente ou medos e resistências internas do cliente de continuar a pesquisa de seu comportamento ligado ao psiquismo caótico e indiferenciado. Independente dos possíveis motivos de parada, cabe ao terapeuta se posicionar quanto à forma de parada. Vou explicar melhor. Quando um cliente procura a psicoterapia, ele vem sem a ajuda do terapeuta. O que o traz à psicoterapia são as dificuldades que ele está encontrando em sua vida e, portanto, a procura da terapia é pressionada pelos seus conflitos internos e externos, mas o resultado final é que ele chega ao consultório sem a ajuda do terapeuta. Partindo dessa premissa, acredito — e minha experiência demonstra que a decisão de interromper o processo deve ser tomada sem a ajuda do terapeuta, isto é, o terapeuta não deve ser co-responsável na parada da terapia do seu cliente. Principalmente na parada por resistência é muito comum a tendência do cliente solicitar explicitamente a opinião do terapeuta sobre sua decisão. Esta opinião deve ser sempre dada mas só depois de uma avaliação mais profunda do nível de decisão do cliente quanto à parada. Quando o cliente traz a proposta de interrupção da terapia, cabe ao terapeuta pesquisar os motivos da decisão e antes de emitir qualquer opinião verificar se essa decisão *já está tomada* ou se existe uma proposta de indecisão e discussão sobre o assunto:

a) a decisão já está tomada pelo cliente: nesse caso, cabe ao terapeuta aceitar a decisão do seu cliente, pois ele sabe melhor do que ninguém que essa interrupção, por mais ilógica que possa parecer, talvez seja o caminho mais acertado dentro de suas vivências internas.

Na verdade, o que o terapeuta aceita é o direito de seu cliente parar o processo psicoterapêutico sem o seu consentimento ou opinião.

Torna-se muito negativo nessa situação, o terapeuta ou o grupo de psicoterapia, com o consentimento deste, entrar em discussão, tentando convencer o cliente de sua "doença" e necessidade de tratamento. Dificulta a saída, cria constrangimento, dificulta um possível retorno e pode até dificultar a procura de nova terapia. Após a aceitação da parada, o terapeuta pode e deve fazer um balanço da terapia e aí manifestar sua opinião a favor ou contra essa parada, tecer suas hipóteses sobre a parada e deixar em aberto a possibilidade do cliente voltar a procurá-lo em outro momento ou procurar outro terapeuta, visto que o processo de psicoterapia não está terminado.

Nunca se deve propor qualquer tipo de trabalho após aceitar a parada, a não ser que o cliente mude sua proposta e não mais esteja com posição definida a respeito desta.

b) A decisão não está tomada e o cliente está em dúvida ou necessita da opinião do terapeuta para se definir: nesses casos, antes de dar qualquer opinião ou posicionamento, o terapeuta deve esclarecer que se o cliente está em dúvida, ele está dividido. Uma parte do cliente quer ou acha que deve parar a terapia. E outra parte quer ou então acha que não deve parar. Isso configura um conflito interno e possivelmente uma divisão interna. E muitas vezes é exatamente o medo da entrada nessa confusão que motiva o cliente a parar. Dito isso, a proposta prioritária do terapeuta é oferecer ao cliente uma possibilidade de trabalhar (dramatização) a sua dúvida e a sua divisão antes de qualquer pronunciamento seu ou do grupo. É fundamental esse trabalho, pois numa situação de dúvida ou de divisão interna, à medida que se inicia uma discussão entre terapeuta, cliente ou terapeuta, grupo e cliente a tendência é que se posicionem de forma a que, de repente, o terapeuta e o grupo assumam uma parte dos questionamentos correspondentes à divisão interna do cliente.

Exemplo: terapeuta e grupo começam a argumentar a favor da terapia e o cliente, contra. Pode, nesse momento, se externalizar uma discussão que na verdade deveria se dar no âmbito do mundo interno do cliente e não na sua relação com o terapeuta e o grupo. Costumo utilizar-me nessa situação de uma técnica que chamo de parafuso, que nada mais é do que uma conversa consigo mesmo, possibilitando ao cliente pôr em contato duas partes suas que estão em conflito. Essa técnica consiste em colocar o cliente sentado, frente ao ego auxiliar, e a cada argumentação sua os lugares são invertidos; o ego auxiliar faz o espelho e repete a argumentação e o cliente pode continuar contra-argumentando, e assim sucessivamente, até que as partes encontrem uma solução ou mesmo fiquem sem solução mas assumam o não conseguir entrar, pelo menos nessa fase, em algum tipo de conciliação. Geralmente, durante esse tipo de jogo, o cliente acaba por descobrir dentro de si mesmo suas resistências, ou mesmo suas motivações mais íntimas, de continuar ou parar a terapia, podendo com maior clareza optar pela continuidade ou não do processo. Após esse tipo de trabalho, terapeuta e grupo podem e devem emitir suas opiniões e hipóteses, respeitando a parada, se for essa a conclusão chegada.

4) *Parada por alcance dos objetivos propostos*

A maioria dos clientes vem para o processo psicoterapêutico em situação de alteração de vida que ameaça ou rompa seus mecanismos compensatórios, isto é, em situação de desestabilização da fase de acomodamento. Muitas vezes, passada a ameaça de desestabilização ou a entrada em uma nova fase de acomodamento, resolve dar por terminado o processo de psicoterapia sem uma necessidade maior de aprofundar seu autoconhecimento. Quero aqui lembrar aos colegas que na maior parte das pessoas que procuram psicoterapia não há, na verdade, necessidade de um grande aprofundamento no conhecimento de si mesmo. Essa necessidade é dada principalmente pelo nível de exigência que as pessoas terão na vida e, principalmente, no seu tipo de trabalho. Por exemplo, pessoas que são extremamente solicitadas em altos níveis de tensão emocional e introspecção e de relacionamento com o ser humano necessitam, freqüentemente, de maior aprofundamento de autoconhecimento do que as pessoas que trabalham com níveis mais técnicos e com menos necessidade de introspecção. No primeiro caso, os terapeutas, médicos, políticos, religiosos, filósofos, são as pessoas que acabam por necessitar de maior aprofundamento no conhecimento de si mesmas. São principalmente situações que mexem nessas fases de acomodamento pela mudança de *status* social como por exemplo, passagem da adolescência para a idade adulta, casamento, separação, falecimento de algum ente importante e querido, maternidade, paternidade, início de vida sexual, mudança de emprego, de cidade etc. Essas situações aumentam a tensão intranúcleo de personalidade, ameaçando o indivíduo nos seus conceitos de identidade e na sua capacidade de organização frente a essas situações.

Muitas vezes a procura da terapia é preventiva a essas situações, às vezes durante o tempo que estão ocorrendo ou mesmo após terem ocorrido e o indivíduo ainda não tenha conseguido reestruturar suas defesas de forma eficiente. Essa noção de desequilíbrio frente a ameaças, poucas vezes é claramente consciente para o cliente, mas se torna extremamente clara na psicoterapia, pois quando são resolvidas, acontece um súbito evidenciamento tanto da angústia como do interesse em continuar seu projeto de pesquisa psicológica.

Exemplo: de repente uma gravidez ou casamento, separação, início de atividade sexual, uma mudança de emprego, ocasionam uma entrada numa nova fase de acomodamento e de satisfação para esse cliente, embora não se tenha pesquisado ainda em profundidade todas as suas zonas de psiquismo caótico e indiferenciado. Nessa situação é muito comum aparecer uma proposta de parada da psicoterapia. São geralmente propostas mais tranqüilas e com maior grau de consciência por parte do cliente do estágio em que se encontra dentro do seu processo de amadurecimento psicológico. A postura do terapeuta e/ou do grupo deve ser a mesma descrita anteriormente, isto é, antes de qualquer posicionamento, a pesquisa do grau de convicção da decisão de parada e, nessa pesquisa, teremos novamente:

a) existe dúvida e divisão a respeito da parada;

b) a decisão já está tomada.

a) existe dúvida e divisão a respeito da decisão de parar. Como já visto, a proposta é oferecer trabalhar a dúvida e a possível divisão interna decorrente desta. Esse trabalho pode resultar em um melhor conhecimento e numa decisão mais clara a respeito da parada ou então que o cliente entra num contato mais íntimo com compartimentos internos seus e sente ser mobilizado para continuar sua psicoterapia, orientando seus objetivos e realimentando seu processo de busca;

b) a decisão já está tomada ou foi tomada após o trabalho anterior. Nesses casos, o terapeuta aceita a decisão e deve junto com o grupo e com o cliente fazer um balanço da psicoterapia, ressaltar o alcance dos objetivos propostos inicialmente e as hipóteses do que ainda se acha por resolver, podendo encontrar essa solução na vida ou, eventualmente, numa nova etapa da psicoterapia com o próprio terapeuta ou algum outro colega. Geralmente existe concordância nesses casos quanto à decisão de parar entre o terapeuta, cliente e grupo. Recomendo que o terapeuta e o cliente, em comum acordo, marquem uma data para o encerramento da terapia (duas ou três sessões após a decisão de parar). Esse período possibilitará que o cliente possa retirar as cargas transferenciais colocadas no terapeuta, ou no grupo, e possa sentir de uma forma mais calma e completa o desligamento emocional. Esta é uma proposta bem-aceita pelo cliente, dá-lhe tempo de retirar as cargas transferenciais e também de elaborar os conteúdos envolvidos a nível pessoal com o terapeuta e companheiros de grupo.

5) *Paradas por medo de mudança no projeto de vida*

Como podemos verificar anteriormente, a partir da desestabilização da fase de acomodamento, o cliente começa durante o processo de psicoterapia a sofrer modificações a nível do seu mundo interno. Obviamente, essas modificações levam esse indivíduo a modificar também os seus relacionamentos de mundo externo pois, freqüentemente, eles se tornam não-gratificantes diante de uma nova realidade interna. Às vezes essas modificações de mundo externo são de pequena monta e o cliente volta rapidamente a uma nova fase de acomodamento. À medida que se aprofunda a pesquisa das zonas de caótico e indiferenciado, a tendência é que essas modificações internas comecem a se tornar mais profundas, ocasionando muitas vezes de forma até irreversível mudanças mais ou menos profundas nas relações com o mundo externo. Assim, também, a terapia se processa a partir de uma aliança terapêutica entre terapeuta e a parte sadia (POD) do cliente, ambos numa tarefa conjunta de pesquisa; a parte "doente" que são as partes vinculadas e a própria zona de psiquismo caótico e indiferenciado. Dependendo da quantidade das zonas de PCI e do grau de verdade dos conceitos de identidade desse cliente, a integração das zonas de PCI pode ocasionar profundas modificações no projeto de vida. É freqüente no processo de terapia em alguns momentos o indivíduo vislumbrar que a integração e exteriorização da sua real identidade choca-se frontalmente com projetos de vida já bastante estabelecidos. E é comum acontecer nesses momento uma ruptura da aliança terapêutica. Essa ruptura se dá à medida que o indivíduo passa a, conscientemente, não mais colaborar com a terapia, quando essa tenta abordar determinados tipos de assuntos que, por sua vez, vão ocasionar esse temido enfrentamento com o projeto de vida.

Por exemplo: à medida que se aprofunda a terapia de um cliente "X", ele começa a tomar conhecimento da necessidade de mudança de um casamento financeiramente muito vantajoso. Muitas vezes, ao chegar nesse ponto, ele está consciente dessa necessidade, aceita-a, mas tem medo de modificar essa situação.

Exemplo 2: o cliente morando com os pais começa a se aperceber que a exteriorização de sua identidade está na dependência direta de uma mudança desta casa, pois é um ambiente que não possibilita espaço para mudanças requeridas.

Exemplo 3: cliente casada, com fantasia sexual forte, tendo vontade de ter uma aventura fora do casamento. Percebe, entende e aceita que em determinado momento, enquanto não satisfizer essa curiosidade, não conseguirá ir adiante na psicoterapia. Mas tem medo de, com isso, romper um casamento cômodo, que lhe permite um grande grau de mordomias e, portanto, evita abordar esse tema.

Muitas vezes, por uma série de conjunturas, esse cliente tem medo de assumir essa decisão e muitos outros exemplos. Pois bem, nessa situação é freqüente que o cliente não pare a terapia mas comece a evitar sistematicamente a abordagem desse enfoque, fazendo com que a terapia comece a andar em círculos, sem sair do lugar. Nesse momento estamos diante não mais de uma resistência do tipo inconsciente relacionada ao mundo interno mas, sim, uma manipulação consciente da parte sadia do cliente em relação ao terapeuta e, desta forma, cabe ao terapeuta dois tipos de postura. É freqüente o terapeuta não perceber que essa defesa é consciente e, portanto, sob controle do clientes. Nesses casos, o terapeuta continua tentando trabalhar essa defesa como se fosse originária do mundo interno e de nível pouco consciente. É um trabalho frustrante que, freqüentemente, não leva a nada. Quando se percebe esse tipo de defesa, a aliança terapêutica está rompida e necessita-se neste momento de novo recontrato de terapia, contrato esse que vai clarear o risco que o cliente corre e a sua opção por correr esse risco ou não. Uma vez clareado esse tipo de enfoque, o cliente tem duas opções.

O cliente assume que não consegue, no momento, correr o risco. Portanto, pode-se continuar a terapia mas agora com essa defesa clara e consciente, sem que o terapeuta continue tentando trabalhá-la a nível de mundo interno. É uma terapia que se superficializa e caminha para um esvaziamento. Neste momento, embora continuando o processo formal, se estabelece que o nível de profundidade alcançada está estabilizado e, a não ser que aconteça alguma variável a nível de mundo externo que possa romper essa estrutura é uma terapia que não mais caminhará em nível de profundidade. O processo de amadurecimento psicológico do cliente fica estacionado nesse nível, embora possa se enriquecer com as conversas com o terapeuta.

O cliente pode optar por, uma vez oficializada essa defesa, correr o risco de realmente modificar seu projeto de vida, e aí a psicoterapia caminha rapidamene para um aprofundamento e integração das zonas de psiquismo caótico e indiferenciado. É comum paradas nesta fase da terapia. Não existe nessa situação uma dúvida nem é necessário trabalhar uma divisão interna, apenas há conscientemente um medo de modificar um projeto de vida aparentemente cômodo. Nessa situação se enquadra a maior parte das paradas de psicoterapia.

6) *Parada pelo término do processo psicoterapêutico*

Chamo de término do processo psicoterapêutico não o término do amadurecimento psicológico, pois este continua por toda a vida do indivíduo. Mas, sim, o término entre a defasagem do amadurecimento psíquico atual e do amadurecimento psíquico bloqueado em inúmeras fases do desenvolvimento. Quando, durante a psicoterapia, o cliente consegue pela catarse de integração integrar a maior parte das suas zonas de psiquismo caótico e indiferenciado, ele passa a ter a capacidade de:

a) identificar novas zonas de PCl;
b) ter menor necessidade de defesas contra a vivência do caótico e indiferenciado;
c) diminuir o medo de abordar vivências desconhecidas internas pois, uma vez que já foram abordadas, já sabe em maior ou menor grau como se conduzir durante essas vivências;
d) conseguir um grande grau de autocontinência (grande quantidade de POD) e esse autoconhecimento lhe permite continuar o seu processo de amadurecimento de acordo com as circunstâncias de sua vida daí para a frente.

Nesse estágio da psicoterapia, o cliente começa a notar que não mais necessita de um processo acelerador de desenvolvimento psicológico e muitas vezes manter a psicoterapia mais pelos contatos afetivos estabelecidos do que por real necessidade interna. Quando propõe a sua parada, geralmente essa proposta já é esperada pelo terapeuta e pelo grupo. É geralmente uma proposta que rapidamente atinge um grau consensual entre cliente, terapeuta e grupo. A conduta, entretanto, é a mesma que no caso anterior. Solicita-se pesquisar primeiro se existe indefinição ou dúvida na decisão:

a) caso haja dúvida, deve-se trabalhar a divisão interna e, geralmente, nessa etapa, esse trabalho traz apenas uma confirmação da decisão, evidenciando os laços afetivos envolvidos com o terapeuta e com o grupo, que podem, dessa forma, ser claramente evidenciados e exteriorizados;
b) estando a decisão claramente tomada, terapeuta, cliente e grupo vão fazer uma avaliação da psicoterapia e, neste caso, o terapeuta está autorizado a dar *alta* para o cliente. Essa alta é dada se o terapeuta, na avaliação da psicoterapia, perceber que as zonas de psiquismo caótico e indiferenciado ligadas às principais figuras do mundo interno foram identificadas, vivenciadas e integradas dentro do psiquismo do cliente.

Recomendo, nestes casos, que se marque uma data para saída, pelo mesmo motivo já comentado anteriormente. São saídas que geralmente não causam grandes tristezas nem sofrimento e sim carregadas de um clima de aceitação e às vezes até de alegria.

Procurei no exposto dar uma orientação básica e traçar algumas propostas para os terapeutas lidarem com interrupções em psicoterapia. Reconheço, entretanto, que o assunto é amplo e não está plenamente esgotado.

CAPÍTULO XI

Terapia com psicóticos - Técnica do autoquestionamento

Entendo por indivíduo neurótico aquele que apresenta zonas de psiquismo caótico e indiferenciado convivendo com zonas de psiquismo organizado e diferenciado, apresentando, portanto, uma parte sadia e uma parte indiferenciada, podendo estruturar com isso uma série de defesas intrapsíquicas, vínculos compensatórios e uma certa identidade consciente, que lhe vai permitir ter pontos de referência internos e externos suficientes para dar seqüência a seu processo de busca e entrar nas fases de acomodação psicológica, suportando bem os processos de psicoterapia.

Os indivíduos chamados pela psicopatologia clássica de psicóticos são, no meu modo de ver, os que apresentam também grandes zonas de psiquismo caótico e indiferenciado mas que não conseguiram organizar e diferenciar parte do seu psiquismo, utilizando-se para isso de rótulos preestabelecidos dentro de sua matriz de identidade em substituição a uma organização e diferenciação psicológica própria, isto é, indivíduos que em vez de conseguirem organizar e diferenciar um psiquismo e, portanto, uma identidade, acabam por assumir identidades impostas pelo seu meio familiar e social, apresentando pois uma configuração do seguinte tipo:

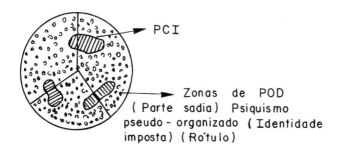

Esses indivíduos vão apresentar zonas de psiquismo caótico e indiferenciado com as vivências e sensações já descritas anteriormente. Mas naquilo que seria a parte sadia ou zona de psiquismo organizado e diferenciado vamos encontrar dois tipos de psiquismo profundamente interligados:

a) psiquismo organizado e diferenciado — identidade do próprio indivíduo — parte sadia;

b) psiquismo pseudo-organizado — identidade imposta pelo social e pela matriz de identidade — rótulo.

Esses indivíduos não conseguem, freqüentemente, estruturar direito suas defesas intrapsicológicas nem tampouco se organizar internamente, pois não podem confiar nas suas zonas de psiquismo caótico e indiferenciado de vez que essas estão fora do seu alcance consciente e imediato. Tampouco podem confiar no seu psiquismo organizado e diferenciado pois à medida que este está mesclado de partes sadias (Eu original) e identidades impostas (Eu imposto) esses indivíduos apresentam uma forte contradição de identidade, não podendo, portanto, se apoiarem na parte sadia. São indivíduos que acabam por se acomodar principalmente apoiados nos vínculos compensatórios, ficando extremamente dependentes desse tipo de vínculo. Apresentam geralmente comportamentos estereotipados e, quando solicitados pela vida com maior tensão, tendem a se desestruturar e entrar de chofre em contato com as zonas de psiquismo caótico e indiferenciado sem defesas psicológicas para isso. Essa entrada ocasiona uma grande desestruturação psicológica e uma grande confusão a respeito de identidade, ocasionando o que se chama na psicopatologia clássica de surto psicótico. Em resumo, o indivíduo com essa configuração

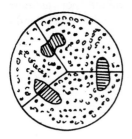

vai apresentar, como todos os outros, as características gerais de psicopatologia, isto é, perda parcial de identidade, sensação basal de incompleto, sensação basal de insegurança e sensação basal de medo, mas de uma forma mais intensa que os indivíduos ditos neuróticos.

Vai apresentar também um processo de busca mas sua fase de acomodamento psicológico vai depender muito mais dos vínculos compensatórios do que dos mecanismos de defesa intrapsíquica e também de sua identidade consciente.

Utilizo-me para entender esse tipo de situação da teoria do duplo vínculo, citada por Wateslavisk no seu livro "Pragmática da Comunicação Humana" e vou resumi-la aqui.

Teoria do duplo vínculo

O relacionamento por duplo vínculo parte de três princípios fundamentais:

1) uma forte relação de dependência psíquica e/ou física;

2) uma relação hierárquica de tal maneira rígida, que é impossível se questionar uma ordem ou uma opinião dada neste contexto, isto é, não se pode utilizar uma meta-comunicação;

3) dentro desse contexto são dadas ordens, opiniões e avaliações que levam o indivíduo a uma situação paradoxal, sem saída, em que para obedecer uma consigna tem que desobedecê-la, ao mesmo tempo.

Situações desse tipo ocorrem com grande freqüência na vida de qualquer indivíduo. Mas se essas situações ocorrerem de uma forma freqüente e sistemática acabarão por desorganizar violentamente a estrutura psicológica, levando o indivíduo a não ter mais uma segurança a respeito da própria identidade, do próprio sentimento e até mesmo da própria noção de existir. A situação de Duplo Vínculo utiliza-se da desconfirmação como forma-padrão de comunicação. Por exemplo, uma situação hipotética de uma mãe com um filho pequeno. Essa é uma relação típica de dependência física e psíquica. Supondo que esta mãe seja rígida, extremamente convicta de suas opiniões e que não admita, em hipótese alguma, uma contra-argumentação de seu filho, nesse momento estão preenchidos dois dos quesitos da fundamentação da relação de Duplo Vínculo. O terceiro quesito, isto é, o paradoxo, viria da seguinte forma:

Mãe — Joãozinho, ponha o casaco porque você está com frio.

Joãozinho — Eu não estou com frio, não quero pôr o casaco.

Mãe — Não discuta comigo, menino, porque você está com frio.

167

Se for decodificada essa informação, teremos na verdade o seguinte diálogo:

Mãe — Joãozinho, eu o vejo, o sinto e o percebo como uma pessoa que nesse momento sente frio. (Esse é o conceito de EU que a mãe tem do seu filho.)

Joãozinho — Eu me sinto, me vejo e me percebo como uma pessoa que não está com frio. (Esse é o conceito de EU que Joãozinho tem dele mesmo.)

Nesse momento, existem dois conceitos de EU a respeito de Joãozinho. Um conceito de EU que é o que a mãe faz do seu filho e um conceito de Eu que é o que o filho faz dele mesmo. Essa é uma situação típica de desconfirmação. A mãe não identifica nem reconhece a possibilidade de seu filho ter um conceito de EU diferente do conceito de EU que ela lhe outorga. E, freqüentemente, esse filho passa, com o tempo, a não identificar nem reconhecer que sua mãe não reconhece o conceito de EU que ele tem de si próprio. Obviamente, uma situação desse tipo é comum na vida de todo mundo. Mas se extrapolarmos isso mais profundamente e levarmos em conta que essa mãe não admite retruques, que esse filho para poder sobreviver vai ter que aceitar as imposições dessa mãe, teremos uma situação tal que, à medida que for sistemática e duradoura, Joãozinho começará a ter uma séria dúvida a respeito do seu conceito de EU, pois sentindo-se extremamente dependente da mãe, acaba por acatar o conceito de EU que ela lhe dá como se fosse o seu próprio conceito de EU. Nesse momento, Joãozinho estará numa situação em que terá, convivendo dentro de si mesmo, dois conceitos de EU mutuamente exclusivos. Um conceito de EU que é o seu EU originário, isto é, eu me sinto, me vejo e me percebo como uma pessoa que não está com frio. E um outro conceito de EU, que podemos identificar que é o conceito de EU que sua mãe lhe dá. Mas Joãozinho, frente ao campo tenso criado pela hierarquia e dependência, irá gradativamente perdendo a noção de que esse é um EU externo e entenderá esse EU como também um EU originário dele mesmo e não originário de sua mãe. Ficará também com um conceito de EU que é "eu me sinto, me vejo e percebo como uma pessoa que está com frio". Joãozinho estará, pois, dentro de um paradoxo pois para assumir a identidade do seu EU ele terá, ao mesmo tempo, que rejeitar o seu EU, pois perdeu a noção de qual é o verdadeiro EU. Ele não sabe mais, nesse momento, distinguir seu EU original (não tenho frio) do seu EU incorporado, originado da mãe e que passou a funcionar como também um seu EU (sinto frio). Portanto, Joãozinho para sentir frio tem que não sentir frio ou para não sentir frio tem que sentir frio.

168

Nessa situação, Joãozinho encontra-se sem saída, que é a situação clássica em que se encontra o indivíduo psicótico nos seus conceitos de EU. Essa confusão de EUs vai dificultar muito Joãozinho para poder organizar e diferenciar seu psiquismo, passando assim a utilizar-se de algum tipo de mecanismo para não entrar nessa contradição. O mais comum é que Joãozinho entrará em desespero, não conseguindo juntar esses dois conceitos de EU nem tampouco distingui-los. Dentro desse quadro, ele pode entrar numa situação de desconfiar que lhe faltam dados para entender essa contradição, exacerbando assim os núcleos paranóides (esquizofrenia paranóide) ou então simplesmente perdendo gradativamente o interesse por qualquer tipo de relacionamento fora de si mesmo, cortando seus vínculos com o mundo externo, caindo numa forte apatia e amortecimento nas suas relações, num quadro parecido com o das catatonias ou ainda simplesmente passando a ter um comportamento estereotipado, não questionando nenhuma contradição que possa existir, levando ao pé-da-letra todas as manifestações externas nos mecanismos semelhantes ao das hebefrenias.

Em resumo, o indivíduo submetido a um processo de desconfirmação persistente e duradouro numa situação de forte dependência afetiva e/ou física, impossível de questionar e de meta-comunicar essa mesma situação, tende a incorporar dentro de si mesmo um conceito de EU dado pelo mundo externo mas que, ao ser incorporado, não fica registrado como sendo do mundo externo e sim como sendo originário de si próprio. À medida que esse conceito de EU vindo de fora mas incorporado como sendo de dentro se mostra incompatível com o conceito de EU genuinamente interior, esse indivíduo cai num paradoxo em que para obedecer um conceito de EU tem que desobedecer o seu próprio conceito de EU. Esse paradoxo é obviamente pragmático, isto é, um paradoxo que vai afetar profundamente o comportamento do indivíduo. A afetação do comportamento vai estar diretamente ligada à estruturação da sua própria identidade e do seu reconhecimento como ser no mundo. Sua identidade vai estar então extremamente dependente do ambiente externo e dos vínculos compensatórios e protegidos que esse indivíduo vai estruturar. À medida que perde a sustentação dos vínculos compensatórios e tenha que recorrer com mais intensidade ao seu próprio conceito de identidade, ele simplesmente não encontra autocontinência para tanto, entrando pois numa desorganização psicológica onde, freqüentemente, acaba por procurar sua identidade não mais nos modelos psicológicos pois estes estão comprometidos pelo paradoxo, mas sim nos papéis psicossomáticos, que são os únicos confiáveis nesse momento. Quer dizer, ele passa a explorar suas sensações cenestésicas e sua fisiologia (alimentação, defecação, micção, respiração) como possibilidade de lhe trazer algum tipo de informação que possa ser traduzida num conceito de identidade.

Nessa situação, freqüentemente, a identidade acaba por estar mais preservada nas zonas de psiquismo caótico e indiferenciado do que nas zonas de psiquismo pseudo-organizado e diferenciado, pois as zonas de psiquismo caótico e indiferenciado, por serem zonas bastante ligadas a sensações cenestésicas, registram vivências pouco conscientes mas livres do paradoxo. Ao mesmo tempo, as zonas de psiquismo organizado e diferenciado, mais conscientes, estão comprometidas em maior ou menor profundidade com o paradoxo. A diferenciação que vejo com o indivíduo neurótico é que este vai ter uma parte sadia que, ao ser bastante trabalhada e compreendida, vai servir de continência para integrar as zonas de psiquismo caótico e indiferenciado, ao passo que o indivíduo psicótico não vai poder contar com essa parte sadia (POD) tendo que decodificar suas zonas de psiquismo caótico e indiferenciado para que as vivências dessas zonas se transformem em parte sadia, para depois disso poder decodificar o paradoxo em que está envolvido, isto é, ele tem que primeiro ter a catarse de integração para depois organizar seu psiquismo.

Obviamente, a catarse de integração por si só é um fator de desorganização da identidade consciente; isto explica por que um indivíduo psicótico acaba por ficar extremamente confuso e incompreensível, quando olhado por um padrão consensual, pois ele vive simultaneamente duas desorganizações:

1) vive a desorganização da vivência do psiquismo caótico e indiferenciado, desorganização esta que, com o passar do tempo, vai se organizando e lhe trazendo à tona uma identidade estável;

2) vive a desorganização dos seus múltiplos EUs, tidos como originais e mutuamente exclusivos, com o verdadeiramente original. Essa desorganização tem que ser organizada e, para tanto, ele vai ter que poder diferenciar dentro de si mesmo qual o EU originário e quais os EUs incorporados como originários mas, na verdade, vindos de fora. A continência para que ele possa diferenciar seu EU original dos EUs incorporados como originais vai ser dada pela vivência registrada nas zonas de psiquismo caótico e indiferenciado.

Desta forma, entendo a loucura como um processo de busca à saúde, compartilhando das opiniões de Laing e Copper. Para tanto, gostaria de apresentar neste livro um trabalho meu já publicado, em que sistematizo o meu jeito de trabalhar com psicóticos, que tem o nome de Técnica de Autoquestionamento. Vou transcrever o trabalho com algumas pequenas alterações.

170

ASPECTOS NA VINCULAÇÃO COM PACIENTES PSICÓTICOS EM DELÍRIO PRODUTIVO

(Técnica do autoquestionamento)

Este trabalho tem como objetivo principal sugerir uma postura filosófica e uma conduta prática no relacionamento entre terapeuta e paciente psicótico em delírio produtivo, visando estabelecer uma vinculação rápida e eficiente. Conseguir que terapeuta e paciente possam conversar entre si de forma produtiva e gratificante para ambos.

Este trabalho é fruto de minha vivência como psiquiatra, psicoterapeuta e psicodramatista, das contribuições teóricas dos autores citados e de outros e da experiência advinda de um contato psicoterápico prolongado (3 anos) com um cliente psicótico e de onde retirei alguns exemplos.

Farei inicialmente um histórico onde descreverei a fundamentação teórica e minhas conclusões e, a seguir, darei exemplos práticos.

Minha vivência psiquiátrica foi iniciada em um hospital tradicional onde iniciei contato com os doentes mentais e com a psicopatologia clássica, que orientava o tratamento. Devo confessar que, desde o início, não me entrosei bem com esse tipo de abordagem mas ainda não possuía um instrumento que o substituísse. Destes clientes os que mais me chamaram a atenção foram os psicóticos que estavam em franco delírio produtivo. Esses pacientes, nas entrevistas, falavam de seus delírios e eu me sentia parcialmente impotente para estabelecer contato com eles.

A psicopatologia clássica e a orientação médica tradicional me sugeriam que o delírio era um sintoma doente de um indivíduo doente. Devíamos medicá-lo com drogas deliriolíticas para que ele parasse de delirar. Quando isto acontecia, julgava-se que ele estava fora de surto e, portanto, mais sadio e apto a deixar o hospital. Isto era encarado como uma fase transitória pois, era freqüente acontecer um segundo surto e às vezes muitos, podendo até tornar-se um psicótico crônico.

Resumindo, o delírio era encarado como uma comunicação doente de um indivíduo doente e necessitava ser inibido para uma volta à "saúde".

Como disse antes, não consegui absorver esta postura e na época meus questionamentos eram:

— os pacientes delirantes, embora falassem coisas realmente incompreensíveis, muitas vezes mostravam uma vontade real de estabelecer um relacionamento. Queriam conversar. Mostravam um inte-

171

resse em se fazer compreender. Existia uma "força vital" nesta comunicação;

— com a inibição do delírio, freqüentemente também se inibia esta "força vital" e embora passassem a conversar de forma compreensível, aquela energia não estava presente;

— apesar de inibir-se o delírio não se atingia o foco da doença, pois as recaídas eram freqüentes.

O meu raciocínio seguiu pela seguinte linha. Ao suprimir o delírio, não suprimíamos a vivência do delírio: a vivência psicótica. Esta vivência continuava, na remissão do surto, presente como uma "vivência paralela". O paciente saía do hospital com duas vivências, uma adequada aos padrões normais de comportamento e outra, a psicótica, inadequada frente a estes mesmos padrões. A tentativa do paciente seria a de livrar-se desta sensação de vivência dupla. À medida que não conseguia integrar a vivência psicótica na vivência normal, tentava o contrário, entrava em surto e nos comunicava uma vivência única, a psicótica.

Calcado nesta hipótese, percebi que a terapia clássica de inibição do delírio na realidade reforçava esta vivência paralela, agindo de forma iatrogênica, no sentido de separar ainda mais as duas vivências e de taxar uma delas como "louca" e outra como "sadia".

Minha idéia seria entrosar as duas vivências, pois ambas têm coisas em comum. Mas, para fazer isto seria necessário uma grande vinculação com o paciente, além de uma compreensão profunda do processo delirante. Além disso, sentia a necessidade de "ir mais a fundo" nesta vivência psicótica.

Foi nesta época que sofri influência das idéias de Moreno. Ele afirma que a saúde está ligada a um alto grau de criatividade e espontaneidade. Aceita também que aquilo que se convenciona chamar de "loucura" deveria ser integralmente vivido e idealizou uma forma de tornar isto possível e a chamou de Psicodrama. Moreno idealizou um contexto do "como se", isto é, "como se fosse realidade" e dentro deste contexto, poder-se-ia viver, não só o já vivido, como o nunca vivido, ou ainda, viver de forma diferente o já vivido, dando com isto vasão a sensações de vivências paralelas reprimidas em todos nós. A partir destas revivências, tornar-se-ia viável a integração do eu consigo mesmo "catarse de integração", o que por sua vez possibilitaria a integração total com o outro ("Encontro").

Passei, então, a utilizar o psicodrama para, nas fases de remissão, reviver o surto anterior e ancorá-lo na vivência não psicótica do paciente. A esta técnica Moreno chamou de "choque psicodramático". Mas algo ainda faltava, pois nos delirantes produtivos o procedimento psicodramático era pouco eficiente. Os pacientes freqüentemente não conseguiam inverter os papéis ou mesmo entender técnicas como o duplo, solilóquio ou espelho.

Pude compreender estas dificuldades graças ao auxílio de Fonseca, que observou que o psicótico em surto muitas vezes não consegue identificar o Tu. Embora vivendo no presente cronológico, ele mantém vivos aspectos emocionais mal-elaborados em relacionamentos pregressos, isto é, no desenvolvimento da matriz de identidade. Assim, embora com idade adulta, estão presentes aspectos encarados como normais em fases precoces do desenvolvimento da matriz (por exemplo, elementos inerentes à fase dos dois anos de idade).

Os principais aspectos colocados por Fonseca, são:

— não diferenciação do EU-TU (vivência simbiótica);
— não diferenciaçãodo EU;
— não diferenciação do TU;
— relação em "corredor".

A persistência destes aspectos relacionais, além da idade normal pode determinar níveis ou graus de psicotização. Na impossibilidade de um relacionamento satisfatório EU-TU, o paciente acaba por formar relações EU-TU DELIRANTES.

Reformulei minha visão do paciente delirante. Percebi que nestas fases o delírio era a coisa mais importante que estava acontecendo e que era uma fase de extrema solidão e carência afetiva, pois o TU-DELIRANTE dava apenas uma sensação falsa de companhia e afeto. Era neste momento que o meu paciente mais precisava da minha presença. Como chegar ao seu íntimo? Como me fazer entender? Como entendê-lo?

Foi lendo Fiorini que me deparei com a possível saída. Um dos conceitos abordados era o da "Aliança Terapêutica" com a parte sadia do paciente, para que ambos, terapeuta e paciente (parte sadia do paciente) pudessem abordar, entender, reviver e reparar a parte doente deste mesmo paciente. Para mim, fica claro que na época do surto perde-se a aliança com o paciente psicótico. Para acompanhá-lo nesta fase é necessário o estabelecimento de uma nova aliança com a parte sadia. Mas, onde estava ela? Tudo o que via era um delírio produtivo, estruturado ou em fase de estruturação?

Foi na teoria do Núcleo do Eu de Rojas-Bermudez que pude me embasar para dar continuidade às minhas idéias.

O tipo de indivíduo delirante em que me centrei neste trabalho, está enquadrado no que, em psicopatologia clássica chamamos de

173

Esquizofrenia, em seus diferentes tipos. A psicopatologia do Núcleo do Eu obedece o seguinte esquema:

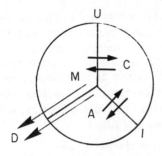

Modelo de Ingeridor — poroso, levando comprometimento nos mecanismos de incorporação, satisfação-insatisfação.

Modelo de Urinador — poroso, comprometendo os mecanismos de planejamento-controle-execução dos atos sobre o ambiente externo. As três áreas ficam pouco delimitadas, ocasionando confusão entre o sentir-pensar-perceber. A única parte sadia, e portanto possível de aliança terapêutica, é o modelo de defecador, responsável pelos mecanismos de criação-elaboração-expressão-comunicação e pela vicariância, também responsável auxiliar dos modelos ingeridor e urinador e ainda aliviador das tensões intranúcleo.

Embasado na teoria de Bermudez, tenho agora diante de mim um indivíduo que está extremamente confuso em seu íntimo, não conseguindo discriminar com nitidez, entre seu sentir-pensar-perceber. Está comprometido em sua capacidade de incorporação-satisfação e na de planejamento-controle-execução de atos sobre o ambiente externo.

Resta-lhe uma grande capacidade de criação-elaboração-expressão e comunicação que pode estar em termos comunicacionais inibida (autismo) ou funcionante (delirante).

Este indivíduo usa seu poder de criação-elaboração-expressão--comunicação para criar, elaborar, expressar e comunicar toda a confusão entre sentir, pensar e perceber, que tem em seu íntimo. Fora isto, usa esta capacidade para receber atenção e afeto de seu interlocutor e transmitir seus projetos de planejamento e execução.

Dentro do meu raciocínio, vejo a capacidade de criação-elaboração-expressão-comunicação como algo sadio de meu paciente e admito como doente o conteúdo sobre o qual a criação-elaboração--expressão e comunicação estão calcadas.

Resumindo minhas idéias, até o momento e calcadas no já comentado:

1. O paciente delirante quer se comunicar com alguém. Ele quer um TU. Na dificuldade de se fazer entender por um TU real ele reage criando um TU-Delirante;

2. O delírio é uma mensagem comunicacional cujo conteúdo é incompreensível ao outro, mas é explicável, em critério extremamente particular pelo próprio paciente;

3. O delírio consta de um conteúdo "louco", mas a proposta de relação que ele expressa é "sadia";

Em linguagem comunicacional dizemos que o "digital" da mensagem — é "louco" mas o "analógico" não é. Ele está calcado numa parte sadia que é o modelo defecador.

4. A parte sadia em termos comunicacionais do paciente delirante é o modelo de defecador e, conseqüentemente, o próprio delírio. É por meio deste que posso estabelecer a aliança terapêutica.

Durante o surto psicótico o modelo de defecador é a única parte íntegra da personalidade — segundo a teoria do Núcleo do EU. Além disso, é o modelo vicariante dos modelos de ingeridor e urinador — em outras palavras, grande parte da personalidade está contida no surto, no modelo do defecador, cujo traço principal é a mensagem delirante.

A "força vital" está dirigida e concentrada no delírio e não podemos desprezar isto.

5. O delírio é uma mensagem comunicacional sadia, com um conteúdo doente.

Resolvendo o impasse de como identificar a parte sadia de um paciente delirante deparo-me com outro problema. Como fazer aliança terapêutica por meio da mensagem comunicacional-delírio?

Vou me fundamentar agora nas experiências do psiquiatra escocês, R. Laing. Resumidamente, podemos dizer que Laing se propôs por intermédio de casas comunitárias, abrir um espaço físico com ambiente tolerante para que seus pacientes pudessem viver ,o mais próximo possível do real suas vivências de loucura. Que pudessem, em paz, fazer a viagem através da loucura. Laing e Cooper fundamentaram isto de forma magnífica, mostrando que a normalidade está eqüidistante do binômio sanidade-loucura e que estas estão próximas entre si.

Laing, como Moreno, baseou-se na premissa de que vivendo a "loucura" podemos chegar à sanidade. Que a vivência da loucura é um passo fundamental na busca da saúde. Portanto,

175

6. É muito importante que meu paciente possa exprimir seu delírio e dar vasão à sua vivência.

Qual a minha conduta enquanto isto acontece? Não tenho as casas comunitárias. Dou remédio para ele? Interno? Não interno? Voltemos a Laing, para um novo conceito, o de conjunção--disjunção.

"Duas pessoas estabelecem uma relação de conjunção quando existe entre elas um reconhecimento mútuo e recíproco da identidade, uma da outra. Neste reconhecimento mútuo figuram os seguintes elementos básicos:

a) reconheço que o outro é a pessoa que ele julga ser;

b) ele reconhece que eu sou a pessoa que julgo ser"

Eu Dividido

Isto só é possível se, entre outras coisas, estas duas pessoas orientam-se (orientação de posição existencial) por um mesmo plano referencial.

Quando o plano referencial é diferente é impossível uma correta avaliação da posição existencial entre os componentes da relação e o reconhecimento mútuo está irremediavelmente prejudicado. Dizemos que A não reconhece em B o indivíduo que este se julga ser e vice--versa. À medida que isto acontece estamos diante de uma relação de disjunção.

Laing vai mais longe e sugere:

"Sugiro, portanto, que a sanidade ou a psicose seja testada pelo grau de conjunção ou disjunção entre duas pessoas, das quais uma é sadia por consenso geral".

Volto ao meu raciocínio.

7. O paciente delirante, embora tenha uma parte sadia e comunica algo que pensa-sente e percebe em seu delírio, não é capaz de formar relações com alto grau de conjunção. Pelo contrário, sua tendência é estabelecer relações com alto grau de disjunção, pois está orientado existencialmente por um referencial extremamente confuso e particular.

8. Este indivíduo, apesar de todos os seus aspectos sintomáticos é um ser extremamente solitário e amedrontado frente ao mundo. Seu TU-DELIRANTE não é suficientemente poderoso para livrá-lo desta sensação.

9. Tenho como prioridade absoluta, me tornar companheiro (TU-real) para este indivíduo na sua viagem pela loucura. E, o jeito de conseguir isto é fazer com ele uma aliança terapêutica nos moldes já comentados.

Como cumprir minha prioridade se a parte sadia com que posso me aliar está na parte relacional da mensagem comunicacional-delírio?

Na tentativa de fundamentar para responder a este desafio, fui encontrar os conceitos necessários nos escritos de Watslavick, Beauvin e Jackson, do grupo de estudos de comunicação humana de Palo Alto, Califórnia, EUA.

Eles afirmam que toda mensagem comunicacional é composta de dois aspectos:

a) um, digital, que diz respeito ao conteúdo da mensagem;

b) outro analógico, que diz respeito à relação, propõe uma relação entre os comunicantes e classifica o digital.

Numa comunicação o "digital" é o conteúdo expresso na mensagem, é a sintaxe, e o Analógico é a postura que classifica este conteúdo, é o semântico.

Em outras palavras, o "digital" são as palavras e frases da mensagem e o "analógico" é a forma, o tom de voz, a postura emocional, o contexto em que as frases são ditas.

Vão mais longe e identificam na comunicação humana uma troca de definições entre o EU e o TU. Isto é, junto com o conteúdo digital da comunicação vai um conteúdo analógico, que nada mais é do que a definição de "ser no mundo" do indivíduo comunicador. Pode ser traduzido em termos digitais como "Assim é como eu vejo a mim próprio" o que é equivalente a uma definição de sua própria posição existencial. Existem três formas de responder a este tipo de afirmação analógica:

a) posso aceitar a mensagem a nível de conteúdo e também a nível de relação. Neste caso CONFIRMO a definição existencial do meu companheiro. Equivale a dizer "Aceito a tua verdade (aceitação do conteúdo digital) e percebo que é assim que você se vê" (confirmação da posição existencial a nível analógico);

b) posso REJEITAR a mensagem a nível de conteúdo mas aceitá-la a nível analógico. Isto é, "Não aceito a tua verdade (negação a nível de conteúdo digital) mas percebo que é assim que você se vê" (aceitação a nível analógico);

c) posso ainda, DESCONFIRMAR a mensagem, significa emitir uma mensagem-resposta em que tanto o conteúdo digital como o analógico da primeira mensagem são levados em conta. O que equivale a "Isto é como eu vejo o que você disse e assim é como eu te vejo no mundo". É uma negação da existência do outro, pois, a única posição existencial levada em conta é a do segundo comunicante. Não é de fato uma resposta à primeira mensagem, mas sim uma afirmação sobre si mesmo. Willam James: "Não podia ser inventada uma punição mais diabólica mesmo que tal coisa fosse possível, do que soltar um indivíduo na sociedade e permanecer absolutamente ignorado por todos os membros da sociedade".

Não resta dúvida de que uma tal situação levaria à "perda do EU", ou em outras palavras, à alienação. Pragmática da Comunicação Humana, p. 79.

É freqüente pegarmos trechos de diálogo entre terapeuta e paciente delirante em que a grande parte das mensagens é de desconfirmação tanto de um como de outro lado.

Não se avança mais do que uma monótona repetição de afirmações de "isto é como eu me vejo" e em resposta "isto é como eu te vejo" em resposta a resposta "isto é como eu me vejo" e assim por diante, interminavelmente. É uma afirmação repetida dos conceitos referentes à própria existência, não levando em conta a existência do outro. É um "diálogo de surdos" onde os comunicantes estão impermeáveis entre si. Essa comunicação baseada na desconfirmação, só pode produzir uma relação de alto grau de disjunção. Dentro desta relação de desconfirmação, de disjunção, ambos, paciente e terapeuta sentem-se sozinhos e incompreendidos.

Avento agora uma saída para a minha prioridade básica:

10. A única forma de me transformar em um companheiro (TU-real) para meu paciente delirante é quebrar a comunicação desconfirmação-disjunção que este propõe como forma comunicacional e substituí-la por uma comunicação confirmação-conjunção, usando como veículo a mensagem delirante. Em outras palavras, passar a confirmar meu paciente com o objetivo único de confirmar a sua existência no mundo. Confirmo a sua existência por meio de seu delírio e me proponho a acompanhá-lo em sua viagem delirante.

Com a fundamentação teórica já exposta aventuro-me agora, a lançar minhas hipóteses finais. Para isso precisei criar dois termos, o de referencial universal e o de referencial particular.

O terapeuta é um indivíduo que utiliza em suas mensagens comunicacionais e em suas condutas, um referencial que vou chamar de REFERENCIAL CONSENSUAL — RC, capaz de ser reconhecido

178

por outro indivíduo que também se pauta por RC. Estes dois indivíduos, ao seu pautarem pelo mesmo referencial RC, têm as condições básicas de estabelecer uma relação de alto grau de conjunção. O RC pode ser definido como um conjunto de normas, convenções, padrões de comportamento etc., seguidos pela maioria das pessoas em uma determinada época, numa sociedade, numa cultura. É algo que por consenso geral é aceito pela maioria das pessoas. O paciente delirante utiliza em suas condutas e em suas mensagens comunicacionais um referencial que vou chamar de REFERENCIAL PARTICULAR — RP que é freqüentemente impossível de ser reconhecido pelos outros indivíduos, pois obedece a normas muito particulares traçadas pelo próprio paciente. Este paciente ao se comunicar com um indivíduo que se pauta por um RC ou mesmo com outro indivíduo que se pauta por um RP (diferente de pessoa para pessoa) somente conseguirá estabelecer relações de disjunção.

O RP é um referencial que todos temos e pode ser entendido como um conjunto de conceitos estritamente particulares, que não fazem parte de um consenso geral, e que se forem comunicados, sem os devidos esclarecimentos não serão entendidos pela maioria das pessoas.

Para não entrarmos numa rigidez de definições, podemos dizer que num mesmo indivíduo, existe uma relação ótima entre o RC e seu RP, e que no paciente delirante o RP é predominante, rompendo o equilíbrio antes descrito.

Um indivíduo que pauta sua conduta e sua comunicação por um RP, teoricamente só será compreendido por outro, que tivesse o mesmo RP; o que equivale dizer na prática que só seria entendido por um indivíduo igual a ele, isto é, ele mesmo.

Como posso fazer para estabelecer uma relação de alto grau de conjunção com um paciente delirante?

Minha prioridade básica é CONFIRMAR sempre a existência de meu paciente, para tanto, só me autorizo a utilizar mensagens comunicacionais de confirmação ou de rejeição, NUNCA de desconfirmação.

Assim, à medida que meu paciente emite uma mensagem ao nível de seu RP, respondo com uma mensagem sobre o seu RP. Não me importando se o conteúdo digital da mensagem é ou não adequado aos padrões "normais" (RC) de comportamento. Minha preocupação está ao nível analógico da mensagem. Ex.: Se o cliente diz: "Eu sou o presidente do Brasil", está transmitindo uma mensagem com cujo conteúdo digital não concordo, mas, está também emitindo um conceito sobre a sua posição existencial no mundo, isto é, "Eu me vejo, penso e sinto como presidente do Brasil" e isto eu aceito.

179

Aceito que meu cliente possa pensar, sentir e perceber como presidente do Brasil. Aceito o conteúdo analógico da mensagem (RP). Posso responder: "E quais são seus planos de governo?"

Emito uma mensagem que é "Eu percebo como você se vê, e aceito que possa se ver assim", isto é, confirmo sua existência (RP) e convido-o, dentro de uma lógica em RC (todo presidente tem planos de governo) a continuar sua comunicação dentro de um referencial menos particular. Para responder minha mensagem ele terá que se utilizar de partes sadias, para contar dos planos de governo, ou então terá oportunidade de questionar-se sobre a primeira proposição. Em um outro caso ele estará respaldado (confirmado) pela minha presença como companheiro que o aceita. Na verdade, ao confirmar meu paciente em RP estou quebrando sua solidão e me insinuando no lugar de seu TU-DELIRANTE.

Posso esclarecer melhor minha estratégia. Quando digo que convido meu cliente a continuar sua comunicação em RP não estou simplesmente ajudando-o a se aprofundar no delírio. Pelo contrário, convido-o a se questionar sobre suas posições delirantes. Tomo como exemplo o Núcleo do EU, representativo de um indivíduo psicótico delirante.

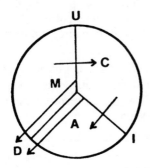

As três áreas estão ligadas, o que significa que existe uma grande confusão entre o pensar-sentir-perceber. Quando meu cliente diz: "Eu sou o presidente do Brasil", percebo que ele pensa-sente e percebe-se como sendo o presidente do Brasil e quando pergunto "Quais são seus planos de governo" estou confirmando-o, mas ao mesmo tempo solicitando uma resposta.

A pergunta foi feita de modo a exigir uma resposta que mobilize a área mente. Não importa o conteúdo da resposta mas sim, que para responder o cliente usou uma parte sadia, no caso do exemplo a área mente.

Se perguntasse "Como se sente como presidente?", eu estaria mobilizando a área corpo, isto é, o sentir. E se perguntasse "Onde pretende montar seu gabinete de governo?", eu estaria estimulando a área de percepção do ambiente.

Durante a conversação mobilizo constantemente as áreas mente--corpo-ambiente pela via comunicacional da mensagem delirante.

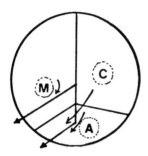

Este processo, acredito, começa a organizar o caos interior entre pensar-sentir-perceber e possibilita a reformulação dos mecanismos reparatórios dos modelos porosos responsáveis pela total delimitação das áreas e saída do surto.

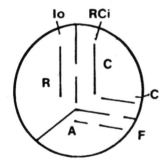

O paciente comunica-se dentro de um RP e, portanto, com uma lógica também particular. Comunico-me com ele sobre o seu RP, mas utilizo-me de uma lógica consensual (RC), que funciona como convite a que utilize suas partes sadias para responder-me e para autoquestionar-se. Ofereço-me como elemento de ligação entre o TU-DELI-RANTE e o TU-real, entre o RP e o RC, entre a disjunção e a conjunção, entre a doença e a saúde.

A tendência verificada na experiência prática é que gradativamente o paciente passa a utilizar-se de RC nas comunicações com o terapeuta. Mas, a fundamental é que nunca deixo de lado minha prioridade básica. NUNCA desconfirmo meu paciente.

Caso comunique-se em RP respondo sobre RP e caso comunique-se em RC, respondo em RC, isto tudo dentro de um contexto delimitado, isto é, o consultório. Assim procedendo estou sempre confirmando a sua existência como ser no mundo e com isso quebrando sua solidão e estabelecendo com ele uma relação de conjunção, dentro do possível. Estou criando um clima propício para que possa utilizar-se de suas partes sadias para se autoquestionar, sem pôr em risco sua sensação de existir.

Consigo desta forma abrir um ESPAÇO MENTAL, onde o cliente pode vivenciar sua "loucura" acompanhado de alguém que o reconhece (confirma) como ser humano.

Vou exemplificar trechos de diálogos com um paciente que chamarei de José.

A família de José procurou-me há mais ou menos três anos. José estava então com 19 anos e há um ano em surto psicótico com alucinações e delírios. Tinha sido internado duas vezes em hospitais psiquiátricos e, apesar de ter sofrido várias impregnações, não havia sido conseguida uma remissão completa do surto. Foi estabelecida uma estratégia de trabalho e proposto à família não mais internar José, embora este estivesse em pleno processo delirante. A idéia de não internar a não ser em caso de risco de vida, foi para evitar os males já comentados e relacionados aos hospitais psiquiátricos em geral. Passei a tratá-lo em consultório duas vezes por semana tendo como prioridade básica um diálogo centrado na confirmação de sua existência pela via comunicacional do delírio. Durante este período José foi muito pouco medicado. Além de não aceitar bem o remédio, não havia um grande empenho em forçá-lo. Em breves períodos, quando houve muita atuação e grande onipotência, tomou Neozine 25 mg, diariamente por aproximadamente 2 meses e por igual período aceitou também Orap 4 mg. Quando passava o pico da ansiedade ele parava o remédio. Delimitei um contexto que corresponderia ao contexto dramático no psicodrama, que foi o `do consultório onde tratava-o sempre da forma mencionada. Não estimulei contatos fora do consultório e quando ocorreram tratei-o de forma normal, isto é, em RC.

Dou a seguir, seis trechos de conversas, seqüenciados neste período de três anos.

Exemplo 1:

José chega ao consultório tenso, ainda o conheço pouco. Está mal-arrumado e anda pela sala de espera sem parar. Entra na sala e estabelece-se o seguinte:

1) José: Quero te mostrar uma coisa. (Abre o zíper da calça e põe o pênis para fora.)

2) José: Roubaram o meu pinto.

3) T.: E como foi isto?

4) José: Foi durante a noite.

5) T.: E quem foi?

6) José: Não sei. Estava dormindo.

7) T.: Como não sabe? Você deve ao menos ter percebido quem foi. Tente se lembrar!

8) José: Acho que foi minha mãe.

9) T.: O que você acha que ela quer com teu pinto?

10) José: Silêncio. Muda de assunto.

As frases 1 e 2 estão dentro do RP de José e emitem uma posição existencial "Eu penso, sinto e percebo-me como se alguém tivesse roubado o meu pênis". A frase 3 de T. é uma comunicação sobre o RP de José. Aceita o RP de José e questiona dentro de seu próprio referencial. Na frase 5 o T. comunica sobre RP e introduz um dado de lógica RC (se foi roubado, alguém o roubou) e José aceita responder. Em 9 o T. insiste na lógica RC mas José se recusa. A recusa foi interpretada como se José ainda não contasse com recursos sadios suficientes para continuar questionando-se. Em nenhum momento T. desconfirma José. Na frase 7 o T. nega a verdade de José sem desconfirmá-lo.

Exemplo 2:

Paciente ansioso. Ainda vestindo-se mal. Entra no consultório com uma lista enorme de nomes de mulheres.

1) José: Estas são as mulheres que querem casar comigo.

2) T.: E quem são?

3) José: A Jackeline Kennedy, Carolina de Mônaco, Sandra Bréa..., são 72.

4) T.: E como vai teu relacionamento com elas?

5) José: Está ótimo. Só falta encontrar uma casa para todas virem morar comigo.

6) T.: Você já tem alguma em vista?

7) José: Silêncio. Ri sozinho.

8) T.: O que está acontecendo de tão engraçado?

9) José: Elas estão falando comigo!

10) T.: Qual delas?

11) José: Todas.

12) T.: E o que dizem?

13) José: Dizem... "José, meu amor". "Eu quero fazer sexo com você." "Quero beijar você", "você é muito gostoso".

14) T.: E você pretende fazer sexo com elas?

15) José: Sim. Com todas elas.

16) T.: E com qual pretende começar?

17) José: Fica confuso... Precisa escolher uma?

18) T.: Me parece que sim. Como vai fazer sexo com todas ao mesmo tempo?

19) José: (Fica pensativo...) Se eu escolher uma as outras vão ficar chateadas.

20) T.: Com ciúmes?

21) José: É.

22) T.: E como pretende resolver este problema?

23) José: Vou fazer com todas ao mesmo tempo.

24) T.: E como é tua técnica?

25) José: Silêncio... Muda de assunto... Ri sozinho.

José está em pleno delírio e só se comunica em RP. Na frase 16 T. introduz uma lógica de RC e José aceita, respondendo nas frases 19 e 20, mas, na frase 22 volta ao seu RP, que é aceito por T. Convidado a falar mais, José muda de assunto como no outro exemplo.

Exemplo 3:

José tenso. Menos agitado corporalmente.

1) José: Quando acelero o carro eu ouço vozes.

2) T.: E o que elas dizem?

3) José: Me gozam. Dizem que vão me matar. Me xingam de bobo, bicha, me falam apelidos.

4) T.: Você tem idéia de quem possa estar dizendo isto?

5) José: Gente da minha cidade. Eles querem me pegar.

6) T.: E quem são eles?

7) José: Luiz, ele tem raiva de mim. Silêncio...

8) José: Essas vozes são do meu pensamento. Não são?

9) T.: São. São pensamentos.

10) José: Então é como um monólogo.

11) T.: É.

12) José: Eles dizem que vão me pegar e falam "José bobo". Me chamam de Cabeção.

13) T.: Você reconhece mais especificamente quem fala o quê?

14) José: Meu primo que é médico é o chefe...

José e T. conversando em RP. Na frase 2 José inicia uma comunicação em RC e T. o confirma em RC, para logo a seguir, na frase 12, José voltar ao RP e T. continua seu trabalho de confirmação ao nível de RP. Esta conversa foi interpretada como um traço de saúde dentro do delírio.

Exemplo 4:

José já há algumas sessões está muito quieto. Desconfiado. Fala muito pouco. Pede para fechar a janela, pois podem escutá-lo.

1) José: A gente não pode confiar em ninguém.
2) T.: No momento está desconfiado de alguém especificamente?
3) José: Todo mundo. Eu não confio em ninguém.
4) T.: E comigo? Como está tua confiança?
5) José: Não sei. Acho que não confio muito.
6) T.: Tem dúvida se confia ou não?
7) José: É... não sei... Às vezes fala coisas estranhas. Não sei se é para acreditar ou não.
8) T.: Fica em dúvida se o que eu falo é ou não verdade?
9) José: É... Às vezes acho que é e às vezes acho que não.
10) T.: E das coisas que você me fala? Você também tem dúvida se são ou não verdades?
11) José: Sorri... É... às vezes tenho.

José já está fora de delírio produtivo. Mostra-se confuso entre RC e RP. Projeta em T. sua confusão.

Exemplo 5:

José está calmo. Bom contato comigo. Está mais bem vestido.

1) José: Às vezes eu fico lembrando de coisas do passado.
2) T.: E como são essas lembranças?
3) José: É como um filme que projeto e fico vendo.
4) T.: Projeta onde?
5) José: Em qualquer lugar. Silêncio...
6) T.: Está acontecendo agora?
7) José: Está. Você não vê. Estou projetando naquela parede.
8) T.: Não, eu não consigo ver. Eu não tenho este poder. Mas você pode me contar o que está projetando.
9) José: Estou vendo eu, na minha cidade...

José usa comunicação em RC. Usa RP na frase 7. Aceita a diferenciação feita por T. entre RC e RP, aceitando a diferenciação de poderes entre si mesmo e o terapeuta.

Exemplo 6:

1) José: Estive pensando... Acho que sempre vivi como se eu tivesse uma membrana transparente envolvendo o meu corpo. Você entende?

2) T.: Entendo. E agora?

3) José: Agora não tenho mais... Era como se eu não me relacionasse com as pessoas... Fazia tudo igual... As pessoas não viam... Mas eu tinha... Era diferente.

4) T.: E que função tinha essa membrana?

5) José: Era para me proteger.

6) T.: Acho muito bom que tenha sacado isto. Meus parabéns.

7) José: Sorri... Obrigado.

José e T. comunicando-se em RC sobre o RP de José.

Tentei formular neste trabalho, uma forma e uma postura no relacionamento com paciente psicótico em delírio produtivo. É um método que está embasado na teoria do Núcleo do Eu, nos estudos de Moreno, Laing, Fonseca e nas teorias de comunicação.

Parte do princípio de que o delírio em termos comunicacionais representa uma parte sadia do paciente e utilizo-o como via de acesso para mobilização de outras partes sadias.

Minha postura durante o tratamento é calcada nas idéias do psicodrama, como já pôde ser visto. Na parte técnica a sessão se desenvolve dentro de um contexto delimitado (consultório) que funciona como um contexto dramático do "como se".

O delírio pode ser comparado a uma dramatização onde o psicótico vive ou revive experiências já vividas ou nunca vividas, como se estivesse dentro de uma dramatização de realização simbólica ou de realidade suplementar.

O cliente funciona como "protagonista" e eu como "diretor" e "ego auxiliar".

Ele monta e vive sua "cena" só que não consegue sair de dentro dela, como numa dramatização convencional.

Minha ação é no sentido de provocar a separação entre a fantasia e a realidade, ou melhor dizendo, separar dentro dele, o contexto do "social" e do "dramático".

Para isto eu uso da confirmação de seu "ser no mundo" e do "aprofundar-questionando" o seu delírio.

Ao questionar seu delírio (dramatização) dentro do delírio (dramatização) eu estou constantemente utilizando os princípios do "duplo" e do "espelho" em psicodrama.

CAPÍTULO XII

Formação, evolução e "loucura" dos terapeutas

A formação de um psicoterapeuta, no meu entender, é um processo longo e dinâmico, pois a cada atendimento ele se enriquece e se reformula, embora possamos ter alguns critérios para avaliar ou orientar a formação desse terapeuta. Gostaria de me ater, em princípio, ao que vou chamar de *formação básica* de um terapeuta.

Entendo por formação básica de um terapeuta o conjunto de vivências e aprendizados mínimos que se deve ter para poder iniciar com sucesso sua profissão.

Já vimos nos capítulos anteriores que o processo de psicoterapia vai se desenvolvendo em duas grandes linhas interligadas:

1) os procedimentos teórico-práticos para abordar, identificar, orientar, vivenciar, integrar e organizar as zonas de psiquismo caótico e indiferenciado do cliente, isto é, conhecimentos técnicos que o terapeuta precisa ter para promover a pesquisa intrapsíquica de seu cliente;

2) a estruturação e manutenção do clima terapêutico na relação terapeuta-cliente ou terapeuta-cliente-grupo, que fornece a base de sustentação para a pesquisa intrapsíquica e que vai exigir do terapeuta não só conhecimentos técnicos como principalmente qualidades a nível pessoal e de saúde psicológica.

Para isso, o terapeuta necessita de um mínimo de características pessoais:

1) o grau de experiência de vida do terapeuta é um fator que vai influenciar bastante na psicoterapia do cliente, pois determinados tipos de afetos ou de situações só podem ser corretamente identificados se o terapeuta tiver tido em sua vida pessoal pelo menos algum tipo de contato com essas vivências.

São vivências que, por mais que o terapeuta possa aprender e apreender das vivências de seu cliente, são impossíveis de ser totalmente identificadas a não ser pela prática. É o que vai dar no que chamo de ampliação da capacidade de bom-senso do terapeuta e de uma gradual relativização de fatos inerentes à vida. Dentre estas destaco como principais as vivências de morte de um ente querido, vivência sexual e vivência de maternidade ou paternidade, que são situações extremamente fortes e, no meu modo de entender, intransferíveis. Tendo o terapeuta todas essas experiências em sua própria vida, vai ter uma intimidade maior com essas sensações, podendo realmente entender o que se passa com seu cliente e não ter uma idéia de como é.

2) "Ver, sentir, perceber e analisar o seu cliente como ele (cliente) se vê, sente, percebe e analisa, independente de o terapeuta poder ver, sentir, perceber e analisar o seu cliente de uma forma diferente da que ele, cliente, vê, sente, percebe e analisa." Em outras palavras, isso significa poder inverter o papel com seu cliente e para que isso seja possível é necessário que o terapeuta tenha uma capacidade télica bem-desenvolvida.

Diretamente relacionada com essa qualidade identifica-se a capacidade de aceitação, proteção e continência do terapeuta pelo seu cliente e, portanto, sua capacidade de estabelecer o clima terapêutico na relação. É óbvio que essas qualidades básicas vão depender do tipo de experiência de vida desse terapeuta, da sua capacidade de autoquestionamento e do entendimento correto dessas experiências e principalmente do grau de desenvolvimento psicológico a que ele tenha chegado. É também óbvio que a grande maioria dos candidatos a terapeuta tem várias lacunas e bloqueios dentro do seu desenvolvimento psicológico. E esse fato, dependendo do grau de confiabilidade, não impede que esse indivíduo possa se tornar um bom terapeuta. É, entretanto, fundamental que ele lance mão seriamente de um processo acelerador do amadurecimento psicológico; isto é, *é fundamental que o terapeuta se submeta a um processo de psicoterapia em alto grau de profundidade.*

A importância da psicoterapia na formação do terapeuta pode ser avaliada por alguns critérios:

1) quanto maior a capacidade télica do terapeuta, isto é, a capacidade de ver o outro como ele (outro) se vê, maior será sua capacidade de aceitação, proteção e continência do cliente ao nível da relação psicoterapêutica;

2) o grau de profundidade da psicoterapia do cliente é, portanto, dependente do grau de profundidade que o terapeuta tenha alcançado na sua própria terapia. Isso ocorre porque, embora as vivências dos indivíduos sejam únicas, os afetos envolvidos nestas vivências são iguais para todos os seres humanos.

Quando, por exemplo, relatamos uma aventura, dificilmente num grupo de pessoas outros tenham vivido a mesma aventura, mas a excitação, euforia, medo do desconhecido, sensação de poder etc., são comuns a todas as pessoas e cada um já experimentou esse tipo de sensação em situações diferentes. É o que possibilita que as pessoas possam sentir, ver e perceber como o aventureiro (protagonista) se viu, sentiu e percebeu. Possibilita que eu, que não vivi a aventura mas vivi as sensações mobilizadas nessa aventura junto ou separado, possa sentir, ver e perceber como o aventureiro se sentiu, viu e percebeu. Isto é, posso vê-lo com os olhos dele. Posso inverter papel com ele.

No processo psicoterapêutico, embora os conflitos se exteriorizem de maneira particular para cada indivíduo, os afetos e sensações, percepções, explicações, são comuns a todos os seres humanos. Isso possibilita que o terapeuta possa se identificar com seu cliente para poder senti-lo, percebê-lo, explicá-lo como ele (cliente) o faz sem ter que, obrigatoriamente, ter vivido as mesmas situações que esse cliente, mas de poder não confundir as vivências do seu cliente com as vivências dele (terapeuta) próprias.

Essa identificação que em algum grau sempre existiu vai se tornando mais completa quanto maior a quantidade dos afetos, percepções, explicações que o terapeuta consegue desbloquear, isto é, organizar e diferenciar dentro da sua própria estrutura psicológica. Com isso o terapeuta pode se identificar com os afetos do cliente sem se misturar com ele (simbiose). No exemplo prático, eu, terapeuta, só consigo me identificar com o núcleo de inveja do meu cliente se eu já consegui identificar o meu núcleo de inveja. E só consigo ajudá-lo a identificar esse núcleo em sua estrutura psíquica se eu já tive oportunidade de fazer isso com meu próprio núcleo de inveja. E assim ocorre com todos os outros núcleos de afetos. Caso contrário posso, no máximo, clarear e apontar para meu cliente seus afetos reprimidos mas não consigo trilhar com ele o caminho da identificação desses afetos dentro da estrutura psicológica, isto é, não consigo ser continente para a catarse de integração.

Formação teórica

É fundamental que o terapeuta tenha uma *formação teórica básica*, isto é, que tenha um entendimento teórico-prático o mais completo possível em uma determinada linha de psicoterapia. Para nós, psicodramatistas, que tenha uma formação teórico-prática o mais completa possível em psicodrama.

Essa formação vai orientar sua postura terapêutica e o seu entendimento do desenvolvimento e das patologias do desenvolvimento do ser humano e, conseqüentemente, onde interferir acertadamente para o aceleramento do desenvolvimento psíquico. Comparo essa formação teórica com um grande eixo ao redor do qual, com o tempo, o terapeuta vai integrando e sintetizando informações e vivências sobre outras linhas e técnicas e também a sua própria experiência pessoal, enriquecendo e dando uma marca pessoal (criatividade) ao seu próprio trabalho. Noto, freqüentemente, que os terapeutas em vez de terem uma formação teórica básica acabam por receber um conjunto de informações teóricas de várias linhas, acabando por não terem um eixo em torno do qual estabelecer sua criatividade. Tornam-se terapeutas extremamente cultos, enriquecidos com muitas técnicas mas com uma dificuldade muito grande de integrar e sistematizar uma forma de trabalho coerente e eficiente. Acho importante que o terapeuta aprenda a trabalhar o maior número possível de situações dentro de um mesmo referencial teórico. No caso acho que é fundamental que o terapeuta tente aprender a lidar com a maior parte das situações com o recurso psicodramático. Depois de bem aprendido isso, ele pode utilizar-se de recursos de outras linhas tais como Gestalt, bioenergética, massagens etc., que são de grande valia. A utilização dessas técnicas, antes de bem-estabelecida a conscientização psicodramática, cria um vazio dentro do eixo principal do terapeuta, fazendo com que ele se perca da orientação básica dentro da terapia do seu cliente. Reconheço que nenhuma escola psicoterapêutica é completa e nenhuma resolve tudo. Cada cliente é um cliente e cada terapeuta, um terapeuta.

Com o passar do tempo, o terapeuta acaba por, ao sistematizar suas vivências e teorias em cima de um eixo, dar uma marca pessoal ao seu trabalho e com isso ganha suficiente elasticidade para poder se adequar às necessidades de cada cliente. Costumo dizer que a maioridade de um terapeuta se instala quando ele consegue trabalhar eficaz e intuitivamente com seu cliente e depois processar de forma consistente e coerente a nível teórico seu trabalho. É o que vai possibilitar, inclusive, que ele consiga supervisionar (avaliar, processar e orientar) o trabalho de outros terapeutas.

O terapeuta que trabalha eficaz e intuitivamente com seu cliente mas não consegue processar seu trabalho de forma teórica pode ser um excelente terapeuta mas não conseguiu estruturar ainda uma linha básica de trabalho, portanto, falta-lhe direção teórica.

190

Esse processo inicial de formação teórica básica, uma vez instalado, passa a se desenvolver num ciclo de dar e receber, criar, elaborar, expressar, comunicar e agir entre os conteúdos de mundo interno e externo do terapeuta com seu cliente. Isto é:

— tratando, o terapeuta se trata;
— ensinando, o terapeuta aprende;
— supervisionando, o terapeuta teoriza sua própria experiência.

Em resumo, a formação teórica é como um pilar central que uma vez bem-estruturado pode receber diversos apêndices sem desmoronar. E com isso quero diferenciar o que chamo de formação do que chamo de informação.

Amadurecimento dos terapeutas

Vejo a profissão de terapeuta como extremamente fascinante e, ao mesmo tempo, extremamente sofrida. Durante o processo de amadurecimento, o terapeuta entra em contato com o ser humano em seus afetos mais profundos. Tanto entra em contato com aspectos extremamente gratificantes e bonitos como com aquilo que de mais feio existe dentro do ser humano: a mesquinharia, a inveja, a posse, o egoísmo, ódios etc. Dentro desse processo, o terapeuta, freqüentemente, é violentado e atropelado no seu amadurecimento psicológico como pessoa. À medida que necessita para estabelecer o clima terapêutico *aceitar, proteger e dar continência* a seu cliente, torna-se impossível para esse terapeuta entrar em algum tipo de fase de acomodamento, pois ele acaba sendo bombardeado diariamente em todos os seus núcleos afetivos, passando, a partir de determinado momento, a não mais se tratar por um desejo seu mesmo ou simplesmente por apelo do seu processo de busca, mas sim passa a fazer um tratamento compulsório e muitas vezes até independente da sua vontade. Ele está numa armadilha, onde não pode parar de se tratar, de se questionar porque a própria patologia do cliente funciona como um rolo compressor que o impede, muitas vezes, de se estacionar ou de se estabelecer vínculos compensatórios e o impele a ir às profundezas de si mesmo procurar todas as respostas possíveis dentro do seu arcabouço psicológico.

Apesar da terapia inicial e profunda a que esse terapeuta já deve ter se submetido e do próprio tratamento que ele se submete junto com seu cliente, muitas vezes, acaba por não suportar as tensões e precisa, em algumas fases da terapia, da ajuda de algum colega terapeuta para deslindar e integrar algum núcleo mais encoberto. Por outro lado, essa mobilização constante dos afetos acaba por aumentar muito a parte sadia do terapeuta, sua capacidade para agüentar tensões psicológicas e também sua capacidade de continência e de autocontinência. Freqüentemente, esse amadurecimento psicológico é seguido também de um amadurecimento rápido e intenso em relação à vida, pois à medida que o terapeuta entra em contato íntimo com a experiência de seu cliente, ele acaba por viver em poucos anos muitas vidas. Costumo dizer, então, em tom de brincadeira, mas que sinto com um fundo de verdade, que atualmente devo ter mais ou menos 150 anos.

O terapeuta acaba, com isso, por ser um indivíduo extremamente bem-informado e preparado, pelo menos em tese, para lidar com situações que seriam impossíveis para um indivíduo viver numa vida só, pois ele acaba sendo a síntese de muitas vidas e de muitas situações. Por exemplo, ele pode aprender a lidar com muitos pais e muitas mães, muitos filhos e inúmeras outras situações em vez de outra pessoa que tem que lidar com um só. É como se fosse um militar que embora não faça uma guerra, tem que estar preparado para enfrentar qualquer guerra em qualquer parte do mundo. Tem que estar sempre treinado e exercitado para entrar em ação contra qualquer país.

O terapeuta, enquanto vai atendendo seus clientes, vai cada vez mais ficando preparado para lidar com as situações mais inusitadas e esdrúxulas que podem aparecer. O resultado desse amadurecimento psicológico, que a partir de determinado momento se torna compulsório em relação às coisas da vida, acaba por produzir no terapeuta um grau de realismo muito grande. Vai perdendo rapidamente todas as ilusões tão cultivadas na adolescência e mesmo os aspectos de idealismo acabam por se tornar meros exercícios de intelecto, pois o seu sentir não mais se convence com idéias mas sim com uma dura realidade do como é. É freqüente os terapeutas se agarrarem fortemente a fantasias, ideais, para fugirem dessa sensação dura da realidade. Mas, mesmo assim, é uma sensação que se encontra em todos os terapeutas, mais ou menos disfarçada.

Dentro desse contexto, o terapeuta acaba por sofrer de dois grandes males:

a) Solidão dos terapeutas. Costumo dizer que à medida que o terapeuta amadurece, ele vai adquirindo uma visão de raio X, isto é, ele consegue independente de estar trabalhando ou não, ver as pessoas com mais profundidade e identificar mais facilmente as intenções encobertas tão freqüentemente utilizadas na prática social. Ao mesmo tempo, nesse seu *seting* de trabalho, toda a sua atenção e a sua energia está mobilizada exatamente para ultrapassar a dissimulação e a hipocrisia social para trazer à tona as verdadeiras mensagens de seu cliente e para estabelecer uma relação extremamente franca, onde a verdade e a sinceridade são fundamentais. Em outras palavras, o terapeuta aprende a trabalhar sempre na meta-comunicação. Por uma exigência profissional, ele não pode se limitar à comunicação de um universo e tem, freqüentemente, para ser bem-sucedido, que aprender a utilizar dois universos: o da comunicação e o da meta-comunicação, isto é, o terapeuta comunica sobre a comunicação.

No seu contato social privado, o terapeuta passa, de repente, a não mais estabelecer as regras dentro do contexto protegido da psicoterapia. Ele passa a fazer parte das regras maiores do social, em que a franqueza, a sinceridade, a meta-comunicação são escassamente usadas e, freqüentemente, consideradas como inadequação. Dentro dessa realidade, as comunicações a nível social vão se tornando cada vez mais insatisfatórias, pois o terapeuta passa a ser um ouvinte de alguém ou passa a dar "ajuda" ou até a tratar de alguém, restando muito pouco espaço para o diálogo sem as características da dissimulação e hipocrisia sociais.

Nesse processo de amadurecimento o terapeuta vai ficando restrito a só conseguir se comunicar com outros terapeutas ou com pessoas que já se submeteram pelo menos a um nível mais profundo de psicoterapia, não conseguindo mais estabelecer um diálogo satisfatório com os leigos que, de alguma maneira, não se autoquestionam. Nesse processo estabelece-se um grande desarranjo a nível comunicacional dos terapeutas, embora no aspecto afetivo consiga cada vez mais facilmente se envolver e se relacionar com as pessoas, pois vai se tornando menos exigente, aceitando mais, podendo cada vez mais inverter papel com o outro.

Nesse momento temos o terapeuta preso numa armadilha; ao mesmo tempo em que afetivamente está cada vez mais preparado e cada vez mais liberto para uma relação com as pessoas em geral e, principalmente, com as que ele ama ou que o cercam (parentes, filhos, esposa, marido etc.) cada vez mais cresce a dificuldade de se comunicar de uma maneira satisfatória com essas mesmas pessoas. Esse dilema acaba por produzir um indivíduo extremamente solitário, que embora muito identificado com as pessoas acaba por não poder se comunicar de uma forma eficiente, com o risco freqüente de ser inadequado, agressivo, arrogante, esquisito, estranho, meio louco e outros adjetivos com que freqüentemente são brindados os terapeutas.

Diante dessa virtual incapacidade de se comunicarem, os terapeutas acabam por mergulhar cada vez mais no seu ambiente profissional, tornando-se muitas vezes terapeutas 24 horas, isto é, terapeutas em tempo integral, desencadeando com isso uma segunda patologia que é a "loucura" dos terapeutas.

b) "Loucura" dos terapeutas. O terapeuta, como qualquer indivíduo, pode, ao se romper com o seu estado de acomodamento com o rompimento também dos mecanismos compensatórios, entrar bruscamente em suas zonas de psiquismo caótico e indiferenciado e ter uma forte perda de identidade (vivências psicóticas). Após a terapia inicial essa possibilidade vai diminuindo, principalmente se nessa terapia pode haver catarse de integração de pelo menos parte das zonas de psiquismo caótico e indiferenciado.

No exercício da profissão, o terapeuta acaba por se tratar junto com seu cliente, freqüentemente, com um nível de profundidade maior do que o que ele necessitaria somente como pessoa. Portanto, essa loucura é muito pouco constante na profissão.

Como já visto, o terapeuta, empurrado nessa sua solidão, acaba por se voltar às vezes de forma intensa para o seu mundo de trabalho, onde as normas, os comportamentos e as sanções a esses mesmos comportamentos são diferentes e freqüentemente mais tolerantes. Dessa forma, o terapeuta acaba por viver a maior parte do seu tempo útil no contexto protegido, onde a franqueza e a sinceridade imperam e onde a meta-comunicação é linguagem comum.

Como fica a estrutura psíquica de um indivíduo que passa a maior parte do seu tempo útil dentro de um ambiente protegido, com regras e sanções diferentes e mais tolerantes que no social? A resposta é simples. Ele tende gradativamente a perder o limite entre os dois ambientes e passa a se comportar no social com as regras do ambiente protegido ou então se afasta do social, criando nesse mesmo social um microambiente protegido para si mesmo. É o que acontece, freqüentemente, com os terapeutas que de tanto viverem num ambiente protegido acabam por desaprender as formas de ação válidas no social, tornando-se assim indivíduos menos preparados para a competição, o exercício do poder, a dissimulação, o jogo de interesses tão importante a nível social.

O ponto forte desenvolvido no exercício da profissão é o de identificar e mostrar os conflitos e intenções dos clientes, nunca o de atuar contra ou a favor delas, centrado no seu (terapeuta) próprio interesse.

Em contraposição, na vida real, o ponto forte é, uma vez identificadas as intenções de outros indivíduos, não identificar, mostrar e dar continência e sim atuar contra ou a favor, conforme nosso próprio interesse.

Portanto, o desenvolvimento do papel do terapeuta não só não lhe serve muito para a vida real como às vezes o atrapalha, fazendo-o mostrar, quando o necessário é agir. Desta forma, o terapeuta passa por ingênuo, inadequado, pouco eficiente etc. Por exemplo, franqueza e sinceridade são qualidades fundamentais na psicoterapia, tanto do terapeuta em relação ao cliente como deste em relação ao terapeuta e também em relação aos colegas de grupo. Essa mesma franqueza e sinceridade podem trazer bastante complicação se utilizadas sem os devidos critérios na vida normal. Por exemplo: na compra ou venda de uma propriedade.

Em nossa educação de psicoterapeutas, acabamos por perceber mais nitidamente a deformação profissional dos terapeutas. A grande dificuldade de lidar e exercer o poder, acabando por discutir e debater sobre o poder em vez de realmente exercê-lo.

Chamo, pois, de "loucura" dos terapeutas a tendência, às vezes até mesmo acentuada, de passar a se comportar na vida baseados nas regras e normas do contexto psicoterapêutico, não pelas normas de vida. E com isso acabando por orientar e encaminhar seu projeto de vida e muitas vezes até influenciando o projeto de vida de seu cliente no mesmo sentido, isto é, numa visão distorcida da realidade objetiva da vida.

Bibliografia

Almeida, W. C., *Psicoterapia Aberta — O Método do Psicodrama*. Ed. Ágora, 1982.

Bally, G., *El juego como expressión de libertad*. Fondo de Cultura Economica, 2.ª ed., México, 1964.

Buber, M., *Eu e Tu*, Cortez e Moraes, São Paulo, 1977.

Bustos, D. M., *Psicoterapia Psicodramática*, Paidós, 1975.

Cooper, D., *Psiquiatria y Antipsiquiatria*, Paidós, Buenos Aires, 1971.

Ey, H.; Bernard, P. e Brisset, Ch., *Tratado de Psiquiatria*, Toray-Masson, Barcelona, 1965.

Freud, S., *Obras Completas*, Editorial Biblioteca Nueva, Madrid, 1967.

Fiorini, H. J., *Teoria e Técnica de Psicoterapias*. Liv. Francisco Alves, Rio de Janeiro, 1976.

Fonseca Filho, J. S., *Correlações entre a teoria psicodramática de J. L. Moreno e a filosofia dialógica de M. Buber*. Tese de doutoramento, Faculdade de Medicina da USP, São Paulo, 1972.

Fonseca Filho, J. S., *Psicodrama da Loucura*, Ed. Ágora, 1980.

Fonseca Filho, J. S., *Um esquema de desenvolvimento*. Trabalho apresentado no 1.º Congresso Brasileiro de Psicodrama, maio, 1978.

Hill, Lewis B., *Psicoterapia en la esquizofrenia*, Paidós, Buenos Aires, 1956.

Laing, R. D., *O Eu e os Outros*, Ed. Vozes, Petrópolis, 1978.

Laing, R. D., *O Eu dividido*, Ed. Vozes, Petrópolis, 1973.

Monteiro, R. F., *Jogos Dramáticos*, Ed. McGraw-Hill do Brasil, São Paulo, 1979.

Moreno, J. L., *Fundamentos do Psicodrama*, Summus Editorial, São Paulo, 1983.

Moreno, J. L., *Psicodrama*, Ed. Cultrix, São Paulo, 1975.

Moreno, J. L., *Psicoterapia de Grupo e Psicodrama*, Ed. Mestre Jou, São Paulo, 1974.

Moreno, J. L., *Psicodrama*, Hormé, Buenos Aires, 1972.

Moreno, J. L., *Fundamentos de la sociometria*, Paidós, Buenos Aires, 1972.

Moreno, J. L., *Las bases de la Psicoterapia*, Paidós, Buenos Aires, 1967.

Naffah Neto, A., *Psicodrama — Descolonizando o Imaginário*, Ed. Brasiliense, São Paulo, 1979.

Rojas-Bermudez, J. G., *Introdução do Psicodrama*, Ed. Mestre Jou, São Paulo, 1970.

Rojas-Bermudez, J. G., "El núcleo del Yo", *Cuadernos de Psicoterapia* (pp. 7 a 41), Ed. Genitor, vol. VI, n.º 1, Buenos Aires, 1971.

Rojas-Bermudez, J. G., *Núcleo do Eu*, Natura, São Paulo, 1978.

Rojas-Bermudez, J. G. R., *Que es el Psicodrama*. 3.ª ed., Ed. Genitor, Buenos Aires, 1975.

Silva Dias, V. R. C. e Tiba, L., *Núcleo do Eu*, Edição dos autores, São Paulo, 1977.

Soeiro, A. C., *Psicodrama e Psicoterapia*, Natura, São Paulo, 1976.

Spitz, R., *El primer año de vida del niño*, Aguilar, Madrid, 1966.

Tiba, L., *Puberdade e Adolescência — Desenvolvimento Bio-psicossocial*. Ed. Ágora, São Paulo, 1985.

Watzlawick, P.; Beavin, J. H. Jackson, D. D., *Pragmática da Comunicação Humana*, Ed. Cultrix, São Paulo, 1977.

Weil, P., *Esfinge — Estrutura Símbolo do Homem*, Ed. Itatiaia Ltda., 1977.

Weil, P., *As Fronteiras da Regressão*, Ed. Vozes, Rio de Janeiro, 1977.

Wolff, J. R. A. S., *Onirodrama, Contribuição aos Estudos dos Sonhos em Psicoterapia Psicodramática*. Dissertação de Mestrado, Faculdade de Medicina da Universidade de São Paulo, 1981.

Wolff, J. R. A. S., *Sonho e Loucura*, Série Princípios, Ed. Ática, São Paulo, 1985.